Carl Ludwig Schleich
Das Ich und die Dämonien

Schleich, Carl Ludwig: Das Ich und die Dämonien
Hamburg, SEVERUS Verlag 2011.
Nachdruck der Originalausgabe von 1922.

ISBN: 978-3-86347-099-9
Druck: SEVERUS Verlag, Hamburg 2011

Der SEVERUS Verlag ist ein Imprint der Diplomica Verlag GmbH.

Bibliografische Information der Deutschen Nationalbibliothek:
Die Deutsche Nationalbibliothek verzeichnet diese Publikation in der
Deutschen Nationalbibliografie; detaillierte bibliografische Daten sind
im Internet über http://dnb.d-nb.de abrufbar.

© **SEVERUS Verlag**
http://www.severus-verlag.de, Hamburg 2011
Printed in Germany
Alle Rechte vorbehalten.

Der SEVERUS Verlag übernimmt keine juristische Verantwortung
oder irgendeine Haftung für evtl. fehlerhafte Angaben und deren
Folgen.

SEVERUS
Verlag

EINLEITUNG

In dem vorliegenden Buche habe ich versucht, die bisher in frühern Werken (Von der Seele und Vom Schaltwerk der Gedanken), angewandte Methode der physiologischen Analyse geistiger Funktionen bis zu ihren äußersten Konsequenzen durchzuführen, wobei natürlich auf die dort aufgestellten Begriffe häufig zurückgewiesen werden mußte.

Die Herausgabe eines Buches hat etwas vom Stapellauf eines Schiffes von einer Werft. Mögen ihm die Zuschauer auf der Werkstatt der Gedanken mit demselben Interesse folgen wie die geladenen Zeugen für das erstmalige, gleitende Eintauchen eines Schiffsleibes in die Fluten der Öffentlichkeit. Keiner der Zeitgenossen kann entscheiden, ob das vom Stapel gelassene Schiff ferne Lande neuer Erkennbarkeiten erreicht, oder ob es in Binnengewässern schon bekannter Stromverbindungen bleibt. Dieses hier trägt neue unerprobte Konstruktionen und Maschinen, die sich erst auf den Reisen im Ozean der Denkbarkeiten bewähren müssen. Die Passagiere sind geladen. An interessanten Fahrten wird es nicht mangeln.

Februar 1920   Carl Ludwig Schleich

DAS „ICH"

Nichts ist uns rätselhafter als unser „Ich". Dies Gefühl von uns selbst, das uns keine Erkenntnis, keine Methode enträtseln kann, dieses Strahlenbündel der tastbaren, beobachtbaren, realen, fühlbaren, genießbaren Persönlichkeit, die unser höchstes Erdenglück nach dem Ausspruch unsres größten Seelendiktators sein soll, was ist es? — In allen Sternen suchen wir's, im Schaum der Flut, im Wogen der Wiese und der Kornfelder, in der Seele der Geliebtesten und schließlich in uns selbst, ohne einen Faden seines rätselhaften Gewandes zu erhaschen, und enden mit einem dunklen Trostwort der Inder: „Du bist ich, und ich bin du!" Das gibt wohl eine Sicherheit des Empfindens, ein lösendes Gefühl, eine glaubensgemäße Ruhelage des Gemüts, wie es etwa Anzengruber seinem Einsamen in den Mund legt: „Es kann dir nix gescheh'n!" Aber — Erkenntnis? Wo bleibt dabei die polypenarmig zu Himmeln und Sternen gereckte, prometheisch fordernde Sehnsucht („die Sucht zu sehn"), der gigantische Wille, die Zusammenhänge verstandesgemäß zu durchschauen, in denen eben meine Winzigkeit „Ich" verknüpft ist mit dem gewaltigen All, mit all dem andern, das in mir, über und außer mir ist! Keine Fährte, keine Spur! Hier versagt Wissenschaft noch gänzlich und der Glaube sogar prinzipiell, trotzdem die

Zeiten doch wohl eben durch die nicht unfruchtbare Spatenarbeit der Wissenschaft vorüber sind, wo ein Symbol, ein Spruch der Sphinx, eine himmlische Zeile der Bergpredigt, ein schönes Priesterwort, eine Botschaft des Papstes uns ein für allemal beruhigt und einschlafen läßt mit der antititanischen Resignation des sogenannten gesunden Empfindens: Es wird wohl irgendein Wunder sein.

Des Menschen ganzes geistiges Gefüge drängt, seine Seele schreit nach Wissen und nicht nur nach Beruhigungsmitteln, wie ein Leidender, der um „Heilung fleht, und dem man Morphium reicht"! Man sehe sich die Millionen Arbeiter, die Nachsaat unsrer Kultur, an, man beobachte gut die Jugend, die unsre Erben werden müssen, man höre gut zu in allen Kreisen, vom Fürstentum hinab bis in die Bauernstube, was sie die Ärzte letzten Sinnes fragen in Stunden der Not, die Verwundeten, die Leidenden, alle die vor dieser Rätselschwelle stehen, so schmal wie einer letzten Scheidesonne Gruß, vorm Meeresstrand, vorm kleinen Bach, wo diesseits Leben, jenseits Tod bedeutet — was wollen sie wissen? Immer dasselbe: Wie oder was ist mein Ich?

Denn, sei man ein König im Geiste, sei man der Geringsten einer, in jedem muß das Wunder stecken, das eines Tages aus dem Paradiesesbaume des Unbewußten heraufzüngelt, wie die Fragezeichenschlange: Wer bist du? Woher, wohin?

Der Dichter Heine hatte leicht zu sagen, daß ein Narr auf Antwort wartet. Er selbst war einer der wenigen, dem diese Narrenkappe gerade nicht zu Gesichte stand, aber einer, dessen anderes Ich ihn mit Dämonien trieb, über sein Heiligstes zu lachen — für ungeheuer Viele glüht diese Frage immer wieder auf, sowie auch nur eine Sekunde der Ruhe in der hastenden Fülle einer Menschheit von heute etwa, welche die Manie eines heiligen Krieges erfaßt hatte, gegeben ist und einbricht mit der eiskalten Lupe der Besinnung auf die Stellung des Einzelnen zur rasenden Gesamtheit. Vielleicht gerade heute mehr als je, wo der Gedanke des Staates so schwertgezogen gegen die Rechte der Individualität seine Dogmen predigt, wo jeder in das Ganze aufgehen soll und sei er ein himmelgeborener, seltener Keim und ein Riese der Persönlichkeit in dem Wald der Natur, der wie eine Schar von Wächtern über dem Berg der Heimat stand. Heute tritt vielleicht die Frage nach dem Ich noch heller in das Blickfeld der Betrachtung als je.

Hier soll nun beileibe nicht vom Rechte des „Ichs" gegen das „Über Ich" des Staates die Rede sein. Hier sollen so wenig politische wie soziale Fragen ihre Erledigung finden, sondern es soll gewagt werden, mitten in die Wogen sozialer Kämpfe die nachdenklichen Überlegungen und Resultate eines Forschers zu werfen, der gleich Kant nur zwei Wunder kennt: Den Sternenhimmel da droben und das Gewissen im „Ich"!

Von vornherein muß man betonen, daß die Analyse des Ichs, wie ich sie hier versuche, alles andere bezweckt, wie eine materialistische Studie. Sooft ich mich habe dagegen wehren müssen, daß ich ein Materialist sei, an dieser Stelle will ich es endgültig zu beweisen suchen, daß meine Fahnen kein Emblem tragen von der Endgültigkeit mechanischer Weltanschauungen, daß sie im Gegenteil entrollt sind in der Strahlensonne eines metaphysischen Glaubens an die Priorität des Seelenhaften in der Welt. Das kann den Forscher nicht hindern, die Realitäten so wahr wie sie sind zu nehmen, eben aus der Hand der Notwendigkeit, der Unabänderlichkeit, der Gesetzmäßigkeit, und gerade deshalb nicht abtuhbar mit Dogmen oder Philosophemen, aber es kann ihn auch nicht hindern, diese Welt voll von Offenbarungen zu sehen, die deshalb nicht wertloser sind, weil sie Mechanismen aufdecken. Jeder Dichter hat seine Methoden, je reicher desto besser, ein Beethoven hat seinen, im letzten analytischen Sinne mechanischen Stil, Gott hat sich durch Mechanismen und Mathematik offenbart. Er rechnet. Aber er rechnet wahrlich nicht nur. Warum soll es frevelhaft sein, der Mechanik des Weltalls, seinen Gesetzen in der Natur, dem Kreislauf des Lebens, dem Geheimnis der Zellen, der Architektur der Pflanzen, dem Symposion der Gedanken im Menschen mit ihren irdischen Bedingtheiten nachzuspüren! Ist man Materialist, wenn man beseligt hier und da den

Sinn seiner kleinsten und gewaltigsten Maschinen zu begreifen sich bemüht? Und ist nicht jede Wissenschaft, rein und ohne Zweckgedanken, ohne den teuflischen Mitläufer des Nutzens oder des Unheils, das sie bis zur Vernichtungstechnik heraufbeschwören kann, nichts als ein einziger Hymnus auf ein Etwas über uns, in uns und durch uns Werdendes und sich Gestaltendes, wenn auch letzten Sinnes Unerkennbares? Ist die Wissenschaft nicht im letzten Sinne immer am Werke, die Wunder der Welt begreifbar zu machen?

Wie, wenn nun in unsere Menschengehirne nichts wirklich Erkennbares, vom Mantel der Unnennbarkeiten hineinsprühte wie Lichtschnee, als feine Mechanismen, als die alleinig uns zugängliche Möglichkeit, zum Begreifen einer doch nicht fortzudisputierenden Schöpferkraft der Natur? — Es enthält also die mechanische Analyse der Gesetzmäßigkeiten des Denkens, aufgebaut auf ein Menschenalter von persönlichen Erfahrungen und Beobachtungen, die, soweit ich sehe, meine mir eigentümliche Forschungsbahn vorzeichnen, so anspruchsvoll sie manchem erscheinen mögen, doch eigentlich einen bescheidenen Verzicht. Man sollte, wenn je wieder wirkliche Friedenszeiten blühn, einmal einen Kongreß zusammenrufen aller Denker aller Nationen, um sich über psychologische Begriffe ähnliche Normen zu schaffen, wie sie beispielsweise über Thermometer, Postzeichen, Briefmarken, Isothermen usw. usw.

geschaffen sind! Der maß mit Zoll, jener mit Fuß, der mit Ellen, jener mit Fingergliedern, und endlich lag und liegt noch zu Paris die Norm des Meters, zwar auch inkonstant im Begriff der modernen Relativität A. Einsteins, aber doch als eine konventionelle Meßeinheit rings auf der Erde! Oh! könnte es mit Begriffen einst ähnlich werden. Wenn es aufhören würde, daß jeder, der denkt, sich unter Seele, Geist, Verstand, Vernunft, Gemüt, Herz usw. etwas andres vorstellt als der andre! Könnte man eine Norm finden, zu sagen, unter „Geist", „Verstand" usw. verstehen wir, die internationale Gilde der Denker, von nun an dies oder das normativ Festgesetzte. Ganz gleich, was der einzelne unter jedem dieser Begriffe bis jetzt ersonnen hatte, wir wollen uns auf einem solchen internationalen Philosophenkongreß einigen und verpflichten, nur das allgemein Angenommene unter diesen Wörtern zu verstehen. Das wäre auch nur in nationaler Spracheinigung ein ungeheurer Gewinn. Ich habe immer bei dem Gebrauch dieser Worte das Gefühl gehabt, daß solch allgemeine Briefmarkenkonvention der Begriffe viele Diskussionen ungeheuer vereinfachen und segensreicher gestalten müßte. Wenn ich jetzt, ehe dieser „verbale Kongreß"* getagt hat, die geistreichsten Leute miteinander diskutieren hörte, so lag mir jedesmal die Forderung auf den Lippen:

* Ich wüßte wohl, wen man zum Präsidenten dieses Kongresses ernennen müßte: Fritz Mauthner!

„Meine Herren! Sagen Sie mir erst, welchen Sinn, welche Vorstellung Sie mit Ihren Worten ‚Vernunft', ‚Seele', ‚Geist' usw. verbinden?" Aber freilich, die Flut der Definitionen würde die Zeit verschlingen, ehe über diese Begriffe eine Einigung sich vollzöge. Und doch ist das entscheidend. Solange ein solcher Wortwertkongreß nicht da war, werden alle Philosophen auseinander und an sich vorbeireden, wie die Völker vorm Turm zu Babel, oder alle, die in fremden Zungen Pfingsträtsel sagten. Da niemand bisher diesen vielleicht unausführbaren Gedanken angeregt hat, so will ich nicht unterlassen, in diesem Buche in aller Bewußtheit meiner Unmaßgeblichkeit gleichsam Vorschläge zu machen zur Entwirrung dieses sprachlichen Chaos und zur Verständigung über diese Wort-Wolken, welch letztere man ja auch trotz ihrer königlichen Variationsfähigkeit in Skiari, Kumuli, Strati usw. nicht ohne Beihilfe unsres größten Wolkenschauers Goethe zu „Urphänomenen" eingefangen hat. Es soll in der Tat der Sinn dieses Buches sein, allen diesen Dingen, dem „Geist", der „Seele", dem „Ich", der „Vernunft", dem „Gemüt" einen festumschriebenen Rahmen zu geben, und zwar nicht auf Grund einer ausgeklügelten Wortkunst (Terminologie), sondern auf Grund ganz bestimmter Anschauungen von Gehirnvorgängen, Nerventätigkeiten, Blutmischungen und Säftestörungen, die alle Konsequenzen bedeuten meiner bisher in drei Büchern niedergelegten Vorstellung von den Funktionen des Nervenapparates und seiner Stromquellen. Es ist ein reiches Feld, das unbeackert war, ehe ich meinen ersten Spatenstich wagte. Ich habe nicht gefragt, wie die Philosophen: was ist Humor?, sondern ich habe mir ein lebendig arbeitendes Gehirn, den ganzen wunderbaren Spieldosenmechanismus seiner leuchtenden Räderchen und glühenden kleinen Pyramiden und Zapfen, in normaler Aktion vorgestellt und habe nun zu erforschen gesucht, was in ihm geschieht und auf welcher Art Veranlassungen hin es den ganzen höchst komplizierten Mechanismus des Lachens am Atmungszentrum oft so blitzartig in Gang bringt — ich habe nicht gefragt: was ist Traum, Schlaf, Hysterie, Hypnose?, sondern habe kühn wie ein Ingenieur der königlichen elektrischen Zentrale des Gehirns mir vorzustellen versucht, in welchem Zustand sich wohl diese $1^1/_2$ Milliarden im phosphorigen Glanze blinkenden Gangliensterne befinden, wenn sie dem objektiven Betrachter oder der Erinnerung ihre Rätsel in allen diesen Geisteszuständen verkünden. Ich habe, belehrt durch die grandiosen Hirnexperimente der Geschosse in dieser Verwundungsorgie des Krieges, gesehen, daß die Gehirnhälfte links ganz andre Störungen aufweist, als ihr Zwilling rechts — — und überall sah ich, daß unsre Psychologie auf eine ganz neue Basis gestellt werden müsse, sie, die bisher in der engen Bahn der simplen Assoziationen, Hemmungszentren und hier direkt unmöglichen Stoffwechseltheorien lief, und will nun versuchen, diese mechanischen Anschauungen zu verwerten zu einer physiologischen Analyse einer großen Reihe von Bewußtseinszuständen noch andrer, primärerer Art. Denn für mich ist es keine Frage, alle Psychologie und Psychiatrie kann nicht fortschreiten über ihre kümmerlichen Pfade, ehe nicht, wenn ich es nicht sein könnte oder dies Ziel verfehlte, ein besserer „Ingenieur des Gehirns" kommt, der allen unsern philosophischen, geistwissenschaftlichen und erkenntnistheoretischen Grundbegriffen einen festen physiologischen Unterbau gibt*. Ehe ich nicht weiß, was das „Ich" ist, was es unterscheidet, beispielsweise vom „Bewußtsein" oder von meiner „Seele", ehe ich nicht weiß, was im Gehirn vor sich geht, wenn es logisch oder humoristisch arbeitet, ehe ich nicht aufzeigen kann, wo die funktionelle Breite zwischen Unterbewußtsein und der des klaren bewußten Zustandes liegt und mit welchem Zellenmaterial beide arbeiten, ehe ich nicht

---

* Es ist ja von ungeheurer Wichtigkeit für alle Erkenntnistheorie, festzustellen, ob es möglich ist, für die philosophischen, empirischen und spekulativen Normen, sagen wir einmal für die a-priori-Begriffe oder die Kategorien, physiologische, hirnmechanische Vorstellungen zu gewinnen und seien diese zunächst auch nur hypothetisch. Seit Vaihingers herrlichem Buche (Die Philosophie des „Als ob") wissen wir erst, von welchem heuristischen und didaktischen Werte solche nutzenbringenden Fixionen sein können.

für alle diese „begrifflichen" Dinge ein handgreifliches Geschehen, ein Schaltwerk in Aktion, einen Mechanismus in Feinbetrieb aufdecken kann, solange kann jeder sich von diesen Dingen nicht viel weiterreichende Vorstellungen machen als ein Feuerländer vom Sternhimmel, jedenfalls jeder seine beliebigen; solange ist alles Gesagte Sage, Wort, das auf Wolken fährt, Nebel, die im Lichte schwinden. Aber die ganze Psychologie würde ein Knäuel von Irrtümern sein, wenn es nicht eben nach meiner Analyse andrerseits doch feststellbar wäre, daß das rechte Gehirn imstande ist, das linke zu beobachten, wie ich das im „Schaltwerk der Gedanken" ausgeführt habe, was erst die Möglichkeit einer Introspektion, einer Beobachtung unseres Selbst begründet, überhaupt die Psychologie in uns selbst möglich macht. Ich will eben den Nachweis führen gegen alle Materialisten-Empiriker, daß die Phantasie, diese königliche, allein die Menschheit zur Menschlichkeit gestaltende Gabe, es ermöglichte, durch rhythmisches Einfühlen in das Geschehen der Welt, subjektive Normen, Aussagen, Gesetze, Sätze zu finden, die wie Wegweiser, wie Leuchttürme strahlen über Öden und Meere einer dünen- und wogenhaft aufgehäuften, allzu langsam vorrückenden Empirie. Ja, es gibt geistige Infektionen, wie es körperliche gibt, die wie Brand und Feuer, wie Bazillen und Gifte entzünden; so gibt es auch etwas wie rhythmische Infektion, es gibt eine Zeugung von

Gedanken, deren Kraft gerade oft die am meisten verfallen sind, die aus dem Dünkel ihrer Selbstsicherheit von Chemismus, Physik und Mathematik nicht eher zu befreien sind, als bis sie das Wunder dieser befruchteten, souveränen Transplantationen von Ideen in ihrem eignen Gehirne als einen vorhandenen Mechanismus begreifen! Bis sie nicht verstehen, daß alles auf Ideen steht, deren Macht gegenüber jedes einzelnen „Ich" so lange ein Sklave ist, als er nicht ihren Sinn begreift.

Ein kühnes Programm! Die Lösung liegt nicht bei mir, sondern den Ideen, die es mir aufgezwungen!

Und nun zurück zum „Ich". Rücken wir dem größten Geheimnis der Welt nahe, dem kardinalen Wunder, daß eine Milliardenrepublik von Zellen, ein mikroskopischer Polypenstock, ein bilateral, d. h. zweiseitig symmetrischer, ortsveränderungsfähiger, gegliederter Leib, den man Menschen nennt, ein Bewußtsein seiner selbst, ein Gefühl seiner absoluten Einheit mit sich herumtragen kann und tatsächlich in sich dauernd mobil erhält. Begreifen wir allenfalls, daß dieses wandelnde, handelnde, kausalitätengierige Individuum Sinne zur Wahrnehmung hat, weil wir ja an Polypenstöcken (schwimmende Syphonophoren!) auch solche Arbeitsteilung der an einer Republik beteiligten, einzelnen Gruppen von Tierchen beobachten können; wie kommt aber solch ein

Konvolut von ineinander, miteinander verketteter, mikroskopischer Gerinnsel zu einem Gemeingefühl seines Ganzen, als Einheit? Wenn es gelöst würde von diesem Banne der erzwungenen Mitarbeit am Sein und Leben solchen Individuums, so müßte dies zu einem unzählbaren, kribbelnden Ameisenhaufen lauter verschiedenartiger Zellwesen auseinanderstieben. Welch ein Zauberbann liegt über diesen 1500 Millionen Ganglienzellen plus den dazugehörigen Trillionen von Einzelzellen des Leibes, von denen noch viele Millionen in kleinen alabasternen Röhrchen den ganzen Palast des Lebens durchrauschen, und wieder Millionen aus diesen pulsenden Äderchen frei hinaustreten können in die Milliarden Maschen dieses Labyrinths, um wie eine selbständige Schutzmannschaft überall nach dem Rechten zu sehen! Wer einmal, ohne Anatom zu sein, eine solche Reise in das Innere eines Lebendigen mitmachen will, den lade ich ein zur Lektüre einer Märchenfahrt auf dem Rücken von ein paar Blutkörperchen, die ich in meinem Buche: „Es läuten die Glocken, Phantasien über den Sinn des Lebens"*, à la Jules Verne veranstaltet habe. Wer hält dies alles in Reih und Glied, Kolonne an Kolonne, Organ an Organ, was treibt die Stromuhr des pulsierenden Herzens und die Ringwellen der Blutadern und schickt Befehl auf Befehl zur Aufmerksamkeit auf

---

* Verlag Concordia, Berlin.

irgendwie beschädigte oder bedrohte Stellen durch einen der Haupttelegraphenmeister: Empfindung, Schmerz und Lust? Wer lugt da aus den großen Leuchtturmhöhlen der Augen, die zwar auch Strahlen senden können, aber viel mehr Licht einsaugen, hinaus in die Welt und dreht unaufhörlich die beiden, Licht, Farben und Schatten trinkenden, tastenden Scheinwerfer wie zwei selbständige Lebewesen von Kugelgestalt rings ins Leben, hinauf zu den Sternen und, man möchte sagen, mit entgegengesetzter Blickrichtung tief in uns hinein, tief bis zum Ich? Was schafft diese Bewußtseinseinheit, dieses unser selbstsicheres Gefühl von etwas Besonderem gegenüber allem andern? Ist es das „Ich" selbst? Keineswegs! Die Summe der Zellanimae kann nicht die Seele oder das „Ich" machen, denn wenn auch ein Summenstrom aller Animae denkbar wäre, so müßte doch ein Empfänger für ihn da sein. Eine Anima über der andern. Denn die Meldung zum Apparat, kann nicht der Apparat selbst sein. Es ist die Beobachtung von inneren Geschehnissen nur durch die Arbeitsteilung des Gehirns möglich. Mein Ich kann in meinem Leibe gar nichts schaffen, es hat mich, meine Augen und meine Sinne, nicht erschaffen, es kann nicht heilen, nicht ordnen, Millionen von Muskelfasern nicht einmal bewegen; mein Ich braut nicht die Wundersäfte des Leibes und kann kein Zellchen an ein anderes leimen, kann keinem Pulse steuern. Mein Ich hat manchen Willenseinfluß, aber keine plastische Bildner- oder Organisationskraft über meinen Leib.

Meine Zellmillionen lebten, arbeiteten harmonisch und standen schon im Verbande einer allseitig geschlossenen Einheit, als ich noch gar kein „Ich" besaß. Also wohl die Seele? In der Tat, bleiben wir einmal dabei: das Seelische hat sich den Leib gebaut, die Seele dirigiert seine Mechanismen, die Seele spricht durch die Apparate, die Seele offenbart, heilt, erhält mich. Aber mein Ich ist sie nicht, die Seele, sondern sie rinnt durch mein Ich, schaltet überall im ganzen Leibe an jeder Stelle. Wir werden auf diesen kitzlichsten Punkt: was ist die Seele? hier nicht weiter eingehen, wir wollen hier nur andeuten, daß also das „Ich" etwas ist, das sich von meiner Seele stark unterscheidet, zunächst also dadurch, daß sie immer im Leibe ist, gewiß auch im Vorbeginn meines Lebens, das sie schon vor der Geburt richtet, ordnet, vereinheitlicht, fesselt, bindet, verkettet alle diese Milliarden Apparate, die erst einmal ein „Ich" werden sollen! Einen Augenblick nachdenken — —! Das „Ich" ist also nicht da bei unsrer Geburt, es springt nicht hinein in das Gehirn mit den ersten Odemzügen der Luft, wie ein herbeigezauberter Wundervogel. Nicht das „Ich", sondern die „Seele" hat in dem nach innen geborgenen Nest des mütterlichen Organismus den Zellverband zu allen diesen Möglichkeiten, zu atmen, zu gehen und schließlich zur einstigen

Geburt des Ichs in der Seele des Kindes vorbereitet. Das Ich ist höchstens ein Teil, eine Kondensation, eine Verdichtung der Seele. Jedes Menschlein muß also sein Ich erst kennen und bilden lernen, es muß sein Ich „er"lernen, „er"leben, „er"fahren, es wird ihm nicht vorgestellt sogleich als ein kleiner, mitwachsender dämonisch-phantastischer Zwilling seines Leibes, sondern das Ich wächst erst in ihm nach der Geburt aus kleinen Reizmomenten heran bis zum ganz klaren, erhebenden Gefühl des: ich bin ich!

Welch eine himmlische Erleuchtung muß das gewesen sein! Hätte man ihn doch bewußt erleben können, den Aufgang dieser plötzlich im Seelenmeer emportauchenden Sonne, die mit einem Schlage Innen- und Außenwelt überstrahlt mit Tageshelle und von nun an uns nicht mehr verläßt, aber rhythmisch wie jene große Allmutter unseres Universums an jedem Abend im Schlafe wieder untergeht, nachleuchtend im Traum, um mit der Frühe wieder aufzuerstehen! Aber der Stern des „Ichs" glühte nicht plötzlich auf überm Morgenland der Kinderzeit, er mußte erst aus tausend kleinen Reizflämmchen, die glühend blieben, hervorgezündet werden. Ein jeder muß sich erst sein Ich erwerben, Ich muß mich erst erfahren haben, ehe es sich heranbildet zu diesem grandiosen Gefühl einer wahrhaft erhabenen Selbständigkeit dem ganzen brausenden, gigantischen Leben gegenüber. Wahrlich, diese Geburt meines

Ich ist darum nicht weniger überwältigend, weil ein Ich so klein ist, gegenüber den Gebilden ewiger, körperlicher Formationen des Kosmos; gibt unser Ich uns nicht den Stolz und die Kraft und die bebenmachende Wucht der Idee, uns wie vollwertig denkend in das All einzufühlen? Hat es nicht zu titanenhaften Anklagen gegen diese ganze Weltordnung geführt? „Und dein nicht zu achten, wie ich!?" Und zu dem nicht minder stolzen:

> Stünd' ich, Natur, vor dir ein Mann allein,
> Da wär's der Mühe wert, ein Mensch zu sein!

Ein jeder muß, wenn er das werden will, was wir in einem späteren Bereich als Persönlichkeit zu besprechen die Absicht hegen, erst einmal von Jugend an so allein der Natur, aber der echten, wirklichen, nicht einem Horizont von vierstöckigen Häusern gegenüber und auf Schollen von Asphalt-, sondern auf dem Heimatboden und seiner weitfernen Umkränzung von Horizonten aller Art gestanden haben, um mit seinem Ich diese erstaunliche Sicherheit, die eben nahe an Trotz grenzt, in sich zu verankern, um ein Ich zu sein, nicht nur einer von den Vielen, sondern auch Einer!

Also erlernbar, erwerbbar, ein erst aus Gegebenem Herauswachsendes ist das Ich! Und andererseits? Verlieren wir nicht unser Ich oft lange vor unserem Tode? Es schläft uns ein, lange, ehe man unsern Leib im Staube schlafen läßt. Wir haben uns wieder vergessen, ehe noch die sonstige Gesamtharmonie unseres Polypenkonglomerats des Körpers irgendwie gestört zu sein braucht. „Ichlose" schlucken, verdauen, kauen, husten, tasten, wandeln (im Somnambulismus!), und fast jeder Greis wird ein des zu höchst erworbenen Vermögens auch wieder verlustig gehender, armer Zellautomat, hilflos, wie er vor der Geburt seines Bewußtseins von sich selber gewesen ist. Und doch ist trotz dieses Verlustes die zusammenhaltende Idee, sind ihre Regenerationskräfte, die Regulationen, die instinktiven und Reflexmechanismen auch ohne Ichbewußtsein voll am Werke. Wer hält diese Zellen nun nach dem „Ich"-schwund noch diktatorisch zusammen? Was ist das, was die Wunder der Wundheilung, die Regenerationen und den Neubau verloren gegangener Teile trotz tiefen hypnotischen oder hysterischen Schlafes, wie das beobachtet ist — ich selbst sah eine Wunde bei einem vergifteten und durch zehn Tage bewußtlosen Studenten tadellos heilen —, einleitet und trotz der zeitweisen Austreibung des Ichs den ganzen Zauber der Kleinmechanismen und Heinzelmannarbeit zur Aufrechterhaltung des Gesamtplanes der Körperanlage genau so regelrecht erhält wie vorher, trotz der tragischen Flucht des Ichs? Ich erwähne das nur, um einen zweiten wichtigen Unterschied zwischen dem „Ich" und der sogenannten „Seele" zu konstatieren. Das „Ich" entflieht, aber ein Etwas bleibt, was Einheits-, Harmonie-, Reparierungs- und Konstruktionsideen von höchst zweckbewußtem Gehalt behält, trotzdem sein Hauptregister, die Egotrompete, tonlos ist. Dies Etwas, was wir einmal vorläufig die harmonisch-plastische Idee eines jeden Organismus nennen wollen, vulgär die Seele, war also vor dem Auftauchen des Ichs und blieb nach seinem Verlöschen.

Aber das Ich? Es hat etwas Wandelbares, Fluchtbereites, etwas sich selbst Entrinnendes, dieses Ich. Verläßt es uns doch im tiefsten Schlafe rhythmisch jede normale Nacht, kann ich es doch zwingen, in der Narkose zu verlöschen, wie ein Licht vorm Wind. Gehorcht es nicht dem Gifte von außen wie dem von innen, und wandelt nicht Freud oder Leid, Kummer, Krankheit, Gram, Sorge gänzlich mein Ich, dies Urgefühl, dies klare, reine Medium, mir selbst durchblickbar und gegenüberstellbar, genau wie die gläserne Riesin, die Luft, sich wandeln kann in dumpfe Trübe, träufelndes Grau und rieselnden Schnee?

Wo ist das „Ich" beim Nachtwandler, der mit automatischer Sicherheit und dem sich selbst überlassenen Spiel seiner Muskel-, Gelenk- und Sehnentätigkeit, mit völlig erhaltener Gleichgewichtssteuerung über Abgrundtiefen schreitet? Wenn gewarnt wird, den Nachtwandelnden nicht mit Namen zu rufen, so fußt diese Mahnung auf Erfahrung. „Weh' den Stimmen, die ihn riefen!" Eben die plötzliche Zurückforderung des Ich in den somnambulischen Leib ist gefährlich. Gott weiß, in welche Tiefen es sich verkrochen hat, vielleicht klein, wie die Direktorialzelle eines Riesenammonshorns, die mich immer an das Wunder eines Organisten vor einem ungeheuren Orgelwerk erinnert. Da sitzt in einer aus spiraligen Marmorzügen gewundenen Riesentrompete zu guter Letzt in einer kleinen Zelle ein Einsiedlerwesen, welches sich wie ein Anachoret in seinem eigenen Labyrinth verkrochen hat und doch das ganze Riesenwerk durch sein winziges Ich beherrscht. So geschrumpft, verkrochen, verschwunden erscheint auch das Ich im Körper des Nachtwandlers. Aber dieser kleine Eremit ist an keiner Stelle auffindbar, die kleine Höhle ist nicht entdeckbar, in die er sich verkriechen konnte.

Es ist also gefährlich, das „Ich" plötzlich anzurufen und wieder hineinzustürzen in eine Situation, die nicht langsam Schlag für Schlag, Zug für Zug, Reiz für Reiz auf das Ich vorbereitet ist, weil man den Wandler in Gefahren stürzt. Schnell und blitzartig orientiert sich also ein plötzlich erwachtes Ich nicht, was man gleichfalls deutlich an dem wirren, irrend-suchenden Blick der aus der Narkose Erwachenden beobachten kann, die, ohne Schutz anderer, gleichfalls Gefahr laufen würden, in irgendeiner Weise aus mangelnder Orientiertheit sich Schaden zuzufügen. Das Ich muß also, um seine ganze Bewußtheit, seine Ruhe und Einheit zu wahren, etwas von einer Kontinuität des Wachzustandes, von einer Kette von sich folgenden Erlebnissen behalten. Diese Unorientiertheit, dieses ängstlich hilflose Staunen befällt uns schon nach dem periodischen Auslöschen des Ich im tiefsten Schlaf beim Erwachen, wo wir auch schreckhaft unser Ichgefühl gleichsam wieder ankurbeln müssen durch Tasten, Umherstarren, Nachsinnen, Lauschen, Fragen: „Wo bin ich?"

Schon wenn wir mittels der Erinnerung an unsere Vergangenheit, jener Fähigkeit, die wir als ein gewolltes und gekonntes Neuaufleuchten aller der Ganglien bezeichnen müssen*, welche bei einem früheren, einmal gegenwärtigen Ereignis direkt in Flammenzeichen aufglühten, an unser Ich in solch einem rückwärts gelegenen Moment hinabzureichen versuchen, so schwebt schon um dies vergangene Ich ein Nebelschleier, eine verdunkelnde Wolke des Gewesenen herbei zwischen dem Jetzt-Ich und dem von damals. Das ist eine leise Andeutung davon, wie die Millionen Jahre meiner Vorfahren gleich mir ihre Erlebnisse hineinversetzt haben in die heiligen Schatzkammern ihrer geheimsten Erlebnisse, von denen sie uns dann, ihren Urenkeln, so geheimnisvolle Winke geben (s. Die Testamente der Vergangenheit!). Unser vergangenes Ich, der Versuch ihm nachzudenken, scheitert an

---

* „Vergangen"heit ist die Ich-heit, welche sich ver„laufen" hat, in die Irre „gegangen" ist; welche die Zeit verloren, fallen gelassen hat. Vergangenheit = Zeitverlust = verloren-„gegangene" Zeit.

der Vergeblichkeit, unser Ich aus verzuckten Phasen zu rekonstruieren. Es ist eine Grenze der Erinnerungen da, wo eben noch kein volles Ich bestand, resp. wo es scheinbar, wie in Milliarden Fällen, so unbeteiligt war, daß wir keinerlei Erinnerungen an dennoch sicher Erlebtes mehr besitzen, was beweist, daß das Erinnern eine Sache des egoistischen Interesses ist und mit welchem Rechte Goethe das Gedächtnis als eine Sache des Herzens bezeichnete. Daß wir uns so schwer an Gefühltes, Getastetes erinnern können, hängt mit dem Doppelbau des Gehirns zusammen. Erinnern ist Sache der rückläufigen rechtsseitigen Phantasieströme, Fühlen aber Sache der realen Augenblickswahrnehmung, welche in der linken Gehirnhälfte ausgelöst wird. Darum können wir uns so schwer einen einmal oder selbst mehrere Male erduldeten Schmerz vorstellen und vergessen ihn so leicht, weil der Kurzschluß der Nerven und Ganglien ein Vorgang im realen Orgelregister ist, der in der Phantasiezone nicht imitiert werden kann. Zum vollen Aufleuchten des Strahlenwunders des Ich gehört das heilige Wunder des Augenblicks, und der Augenblick ist eben die Spanne Zeit, mit welcher in einer sogenannten Sekunde das Blut in den Gehirnapparat ein- und ausströmt und den also phasisch ungehemmten Sternenhimmel unsrer Ganglien für eine kurze, aber sich folgende Frist hell aufleuchtend frei gibt für die Wellen des sausenden Alls und des spinnenden

Innenlebens. Der Moment, wo alle Bahnen ohne Bluthemmung frei sind für Reize jeder Art, dieser armselig winzige Tropfen vom Ozean der Ewigkeit, er ist im letzten Sinne allein „Gegenwart". Wir werden gleich sehen, was dieser Gedanke, den wir uns recht klar machen müssen, für eine ungeheure Bedeutung für den Mechanismus des Ichgefühls gewinnt. Daß dieses Ichgefühl sonderbarer Modifikationen und Nuancen fähig ist, ja daß es sogar in ein anderes oder mehrere „Iche" zerspaltbar erscheint, das zu erörtern wird sich bei der Analyse der Dämonien erst dann hell beleuchten lassen, wenn wir über die Physiologie des Ichs uns ganz klare Vorstellungen gemacht haben werden. Hier will ich nur noch betonen, daß, da das Ich also von einem winzigen Halm vom Rasen der Ewigkeit, dem Augenblick, wie abgetrauft erscheint, d. h. der Augenblick mein Ich erst erzeugt, so kann natürlich von einer Ichvorstellung der Zukunft gar keine Rede sein, es sei denn, hier träte die mechanisch schwer begreifbare Möglichkeit des Hellsehens in Aktion, bei welcher mit der Clairvoyance der Ereignisse auch eine Vorstellung von meinem Verhalten ihnen gegenüber in die Erscheinung treten müßte*. Genug, Fausts Sehnsuchtsschrei nach dem Verweilen des schönen Augenblicks muß ewig ungehört verhallen, denn bei seiner Erfüllung müßte das Ich — sterben.

---

* Mein Standpunkt zum Okkultismus und Spiritismus soll anderwärts erörtert werden.

Das Ich ist eine immer neuentzündete, aufzuckende Flamme, kein kontinuierlich glühendes, verharrendes Licht! Nur die sich stetig folgenden Phasen seiner Wiedergeburt täuschen uns ein Wachen im Ich, unserer Seele eine Kontinuität, ein gleichmäßiges Bestehen vor. Bis zu diesem Punkte mußten wir vordringen, gleichsam bis an das Urphänomen des Ichs, seine Entzündbarkeit am Augenblick, um hoffen zu können, dies unendlich kühne Unternehmen, einen Mechanismus des Ichs aufzudecken, mit einigem Erfolge zu wagen. — **Das Ich ist an die Gegenwart gebunden, und da die Gegenwart von Sekunde zu Sekunde nur durch die Entflammung des Ichs in jedem Augenblick neu ersteht, so muß der Gang der Welt, der Strom der Zeit und unser Ich in irgendeiner Art Verkettung stehen.**

Welcher Art ist diese? Das Gehirn — und von seinen geheimnisvollen Mechanismen, vom Spiel der Millionen Ganglienkugeln und ihrer sie umspinnenden Säfte her wollen wir ja die neuen Erkenntnisse ablesen — ist, das dürfte allgemein angenommen sein, ein Orientierungsapparat. Die von ihm auslaufenden tausende Polypenarme, die in die Außenwelt gestülpten Sinnestaster melden getreulich die Geschehnisse des Lebensumkreises und des Körperinnenkreises. Ein ungeheures Geflecht kleiner Marconi-Platten des Sympathikus, einer Art nervöser Zwischenstation zwischen Reizmöglichkeiten der Organe (vom Außenkosmos und Innenkosmos) und der Wahrnehmung im Gehirn, meldet dazu Millionen von allergeheimsten Vorgängen rhythmischer, dynamischer, elektrischer Natur, welche gar nicht bis ins Bewußtsein gelangen, aber doch auf den unbewußten Orientierungsapparat im Gehirn einen bisher viel zu wenig gewürdigten Einfluß ausüben. Ich kann mich hier mit einer ganz kurzen Skizze der allgemeinsten Hirnmechanik begnügen, weil im Verlaufe dieser Betrachtung dieses ganze wunderbare Leucht- und Spinnwerk geistiger Begebenheiten bis in die denkbar feinsten Details auszuarbeiten noch reichlich Gelegenheit ist.

Die Welt schickt also gleichsam durch eine ungeheure Anzahl allerkleinster, belebter Prismenindividuen unaufhörlich, pausenlos ihre verschiedenen und so zahlreichen, aufschäumenden Wellen eines in sich beharrenden Ozeans, das Reich des Äthers, des allgegenwärtigen und allmächtigen, zuckend hindurch. Innen- und Außenwelt sind dauernd am Werke, wie man sagt, unsere Empfindungszellen mit Licht-, Wärme-, elektrischen, Stoßwellen zu bombardieren, sie zu reizen, zu bewegen, sich an ihnen zu reiben, und diese an sich rein physikalisch-chemischen Wellen werden, wie man sagt, zu geistigem Empfinden „transformiert" und gelangen als solche umgebildete physische Qualitäten zu geistigem Gehalt. Wir werden noch sehen, daß hier ein grandioser Irrtum steckt, an dem die ganze Wissenschaft krankt, welcher noch dazu die Quelle des Faust-Duboisschen Pessimismus ist: „Und sehe, daß wir nichts wissen können!" Wir werden diesem Kernproblem, wie es denkbar sein soll, daß materielles Geschehen in etwas absolut Immaterielles, das Geistige, übergeht, nicht ausweichen, und hoffen viel von einer definitiven Beseitigung desselben*; für jetzt genügt der betonte Satz, den die Wissenschaft allgemein akzeptiert hat: „Die physischchemischen Reize werden im Zentralnervensystem und im Sympathikus umgesetzt zu geistigen Empfindungen." Wenn Wahrnehmungen die Meldungen zur „Vernunft" oder „Seele" sind, die keinen erkennbaren Mechanismus haben, sondern metaphysische Gegebenheiten sein sollen, so ist unsere Anschauung ein Gewinn. Denn wollte man z. B. sagen: was nützt es, wenn man die Transformation im Anfang bei der Wahrnehmung zu leugnen sucht, um sie am Ende wieder beim Begriffe auf eine neue Form der Transformation in ein höheres Geistig-Seelisches herauskommen zu lassen, so dürfte dieser gewiß berechtigte Einwand doch außer acht lassen, erstens, daß eine so gewonnene Analyse doch viel lehrbarere, tiefere und spezialisierbare Einblicke in eine große Zahl von geistigen Funktionen (wie Logik, Hemmung, Traum, Dämonie, Schmerz, Lust, Persönlichkeit, „Ich", Psychosen usw.) gestattet, und daß es nie

---
* S. Gedankenmacht und Hysterie. Verlag Rowohlt, Berlin.

fruchtlos sein kann, den Sprung ins Mystische möglichst weit hinauszuschieben, und zweitens, daß zu hoffen steht, daß auch diese letzte Planke noch durch zukünftige Entdeckungen und wissenschaftliche Erkenntnisse ein Sprungbrett werden kann in manche weiter vorgeschobene Reiche mechanischen Begreifens. Ist es so gänzlich ausgeschlossen, daß Strahlungsarten gefunden werden, welche modifizierter Äther sind, die sicher außer Elektronen auch manches andere mechanisch formieren? Wenn es gelänge, den Äther als ein unsichtbares Fadennetz von alles durchdringender Struktur mit Ziel, Willen und Geist behaftet zu erweisen, so sind der Aussichten gar viele, die es nicht fruchtlos machen, die mechanische Analyse so weit hinauszutreiben, wie nur irgend ohne Absurdität denkbar ist. Wollen doch selbst die Spiritisten nichts weiter, als ihre behaupteten okkulten Dinge irgendwie streng wissenschaftlich analysieren zu können.

Doch nicht dies allein. Nach Ottomar Rosenbach erzeugen diese bewegten Wellen aller Art durch Reibung an den kleinsten elektrischen Ganglienkörpern molekulare kleinste elektroide Stromquellen für die Aufrechterhaltung der vielfach benötigten elektrischen Spannungen im Nervensystem. Also Transformatoren und Akkumulatoren sind unsere kleinen Wundersternchen der Ganglien, wir haben einen ganzen mikroskopischen Himmel davon, und wer einmal Gelegenheit hatte, das Aufleuchten der Alphastrahlen des Radiums im Mikroskop zu sehen, der kann sich wohl ein Bild machen, wie diese Sternlein immer aufs neue aufzucken, sprühen und Plätze wechseln; sonst reicht das Bild des Sternhimmels auch aus, nur daß der unsrige da drinnen hinter dem Schatzkasten des Schädels nicht mit einfach immer leuchtenden Flämmchen strahlt, sondern daß gleichsam von Sekunde zu Sekunde Millionen Sternenblitze wechselnde Wege weisen, die so aussehen mögen, wie eine mit kleinen Lichtbomben beschossene Milchstraße, die sich wie eine dahinrieselnde, funkenbesetzte kleine Eidechse kreuz und quer am Kleinhimmel unseres seelischen Apparates blitzschnell von dannen schiebt. Die Reizströme kommen zumeist von den Sinnenapparaten zum Gehirn, die aufgespeicherten Reserveströme wohl von allen überhaupt den Reizen zugänglichen gangliösen Apparaten. Solch eine schwebende, immer bereite, einer elektrizitätschwangeren Wolke vergleichbare Ladung, die blitzbereit zwischen den Ganglien aufgespeichert ist, muß unbedingt angenommen werden, und kein Geringerer als O. Rosenbach hat daraus allein die Möglichkeit eines Betriebes aus kleinsten molekularen Strömen im organischen Bereich zu erklären versucht. Wenn nicht eine solche Stromsprungbereitschaft, eine solche jederzeit entladungsfähige Stromakkumulation statthätte, wie in aller Welt will man erklären, daß es ja unbestreitbar innerhalb meines Willens gelegen ist, meine ganze verfügbare (!)

Seelenkraft einmal in die Spinnstube der Phantasie, dann in die Prägungshalle des Wortes, sodann in die Hammerschmiedewerkstatt der Taten zu schicken und sie beliebig den Arbeitsplatz wechseln zu lassen?

Diese Art Wille ist für mich kein Problem mehr. Es ist eine zum mindesten psychologische Tatsache, daß ich den freien Willen habe zu sinnen, zu denken, zu sprechen, zu handeln. Ob die Art und der Inhalt dieser auf den drei Orgelregistern gespielten Musik mir völlig freisteht, ist eine Frage für sich; gewiß ist, daß ich völlig Herr bin darüber, wie ich irgendeine also immer vorhandene, aufgespeicherte, in jedem Augenblick mobilisierbare Stromkraft des Gehirns verwenden will. Nie kann ich alle drei Register zur gleichen Zeit ziehen, ich kann nicht denken, indem ich handle, und nicht handeln, indem ich spreche; der Strom kann nur zeitlich, phasisch, wenn auch in schnell folgenden Blitzen, im Denkregister, im Sprachregister, im Aktionsregister nacheinander, nie gleichzeitig, tätig sein. Es scheint nur so, daß wir weiter denken, indem wir sprechen. Jeder Redner weiß, daß er automatische Sprechpausen einschiebt, um weiterzudenken, sofern er improvisiert und nicht Gelerntes reproduziert. Er weiß es, daß er stellenweise somnambulisch redet, nur um Zeit zu gewinnen, Gedanken zu spinnen. Auch hier ist es die Stromeinschaltung der Reservekraft im Gehirn, welche wechselnd gezwungen wird, bald in dies, bald ins andere System den lebendigen Wechselstrom zu dirigieren.

Wer den feineren Mechanismus des Willens schon aus meinen früheren psychologischen Betrachtungen kennt — er ist gebunden an die Funktionen des Bendaschen Hirnmuskels —, weiß ja auch, daß uns zu dieser Willensverschiebung der intendierten Ströme Muskeln zur Verfügung stehen, welche den Strom zwar nicht direkt packen und dirigieren, aber ihm doch indirekt seinen Weg weisen nach den Gesetzen des geringsten Widerstandes durch Auf- und Zuklappen der Gespinstfensterchen der Neuroglia um die Zelllämpchen, die genau wie die blauen Gazeklappen über den elektrischen Lampen in unseren Eisenbahn-Schlafcoupés funktionieren. Nur, daß die Neurogliaklappen nicht ein glühendes Licht abdämpfen, sondern, vorgezogen, des Lämpchens Entzündbarkeit eben durch den fließenden Nerven-Kraftstrom mit seiner akkumulierten Reserve in andere Richtung zwingen, und daß die Dämpfung der Ganglienlämpchen durch die Blauklappen ein Aufleuchten hier unmöglich machen. Das blaue Neurogliafensterchen um jede Ganglienkugel auf oder zu, heißt eben: Leuchte! oder Bleibe dunkel! Es schaltet Strom ein — Strom aus. Da nun den eigentlichen Hemmungsprozeß dabei der Chemismus schafft, der das Blut und die Lymphe bewegt, so verstehen wir die ungeheure Beteiligung der Blutadern und durch sie der Blutsäfte am geistigen Geschehen mit einem Schlage und begreifen die sehr erhebliche Rolle, welche der alle Gefäße öffnende und schließende Nervus Sympathikus, der Innenstromdirektor, am Spinnrad geistigen Webens zu spielen befugt ist.

Nun machen wir einmal ein grandioses Ich-Experiment im größten Stile mit, das die Chirurgen, freilich nur allzusehr vom Zweck gefesselt, täglich ausüben, und von dem aus der Verfasser allein ausgegangen ist, um dem Mechanismus der „Seele" etwas mehr, als bisher geschah, abzulauschen. Wir wissen ja alle, daß die Narkose den Zweck hat, den Schmerz auszuschalten, und daß das, wenigstens auf dem Wege der Einatmung betäubender Substanzen, nicht ohne manch unwillkommene physische und psychische Nebenwirkungen geschehen kann. Zu diesen leider nicht vermeidbaren Übelständen gehört auch die zeitweise Ausschaltung des Ichs. Darum ist eben jede Narkose ein psychologisches Experiment allergrößten Ranges, weil sie Schritt für Schritt beobachtbar, den ganzen Kreis unserer seelischen Fähigkeiten alteriert und aufhebt: von der einfachen Empfindung über Orientierung, Denken, Begreifen, Schlaf, Traum, Phantasieren, Wahnvorstellungen, Bewußtsein, Ichgefühl, Schmerzempfindung, Reflexaufhebung, Muskelzentrenlähmung, bis tief hinab in die Zonen des Unterbewußten und seinem Betriebe, und schließlich bis an die Zentren von Lungen- und Herzsteuerung, und damit bis hart an die Grenze zur definitiven Lebenshemmung, dem Tode. Man sieht: eine Stufenfolge, aus welcher nach meinem Gesetz von der Evolution der Ganglienlager sich sogar das Alter der einzelnen Hirnfunktionen bestimmen läßt; denn je jünger eine entwicklungsgemäß erworbene Hirnfunktion ist, desto früher wird sie von den abwärts in die Hirntiefe eintauchenden Betäubungswogen erreicht; zuletzt kommen die vom Leben zuerst erkämpften Fähigkeiten heran. Daraus erschließe ich eben den Beginn des Nervenlebens mit dem Urvater Sympathikus, denn er beherrscht zuletzt Atmung und Herztätigkeit. Man sieht auch: in dieser Skala steht das Ichgefühl erst an zehnter Stelle. Was hat das zu bedeuten?

Bewußtsein ist das Innewerden des Ichgefühls, wobei die gereizte Zone des „Ichs" schon wieder den andern nicht beteiligten Ganglien als eine betrachtbare Licht-Spring-Quelle, als ein Objekt betastbar und vergleichbar unterliegt. Das heißt, es ist das Wort, das Symbol für einen inneren Vorgang. So ist es mit jedem psychologischen Geschehen. Ein Reiz fällt ein, er umfaßt bestimmte Ganglienerregungen. Diese Gruppe leuchtender Ganglien wird von anderen nicht damit beteiligten Gangliengruppen betrachtet, es erregt in ihnen sekundäre Phantasieströme, läßt des Betasteten Gebild vor allen Kategorien (Möglichkeit und Erfahrung) Parade abhalten und formt im Mentalteil des Gehirns einen Begriff, dessen innen gefühlte Einheit einen Strom auslöst zum Sprachzentrum, welches für dieses Gefühl, das innen entstand, ein adäquates Symbol durch Sprachbewegungen schafft. Man sagt „aus", was innen geschah, man entladet die durch den Reiz gesetzte Akkumulation von Gruppen-Gehirnenergien durch die Tat des Wortes nach außen. Das ist der Kreislauf alles Geistigen. Umsatz von Empfindungen in Begriffe, dieser zu Motiven, von den Motiven Befreiung der Hirnspannung durch Handlung oder Aussage; auch das Schreiben ist solche Gehirnentladung. Sprache ist Geburt und Tat. Worte sind Symbole für den entsprechenden physiologischen Gehirnvorgang. Die Sprache beschreibt, was innen geschieht. Bewußtsein heißt das Gefühl vom Innewerden des Ich, von seiner inneren Umtastung. „Ich" ist das Sprachsymbol für das Gefühl, daß in bestimmten Zonen des Gehirns jede Sekunde eine Atmosphäre aufleuchtet, an welcher sich alle Außen- und Innenbewegungen entzünden. Jedes im Inneren markante, streifenweit aufleuchtende Lichtfeld, das innere blitzende Objekt wird vom „Ich" fixiert.

Geist ist materialisierte Seele, ist der dem Organismus (Apparat) offenbarte Gehalt der Seele. Ein Spiegel, der über seinen Meister etwas sagen kann. Bewußtsein ist die Beobachtung des Ichs, das Innewerden dessen, daß ich ein Ich bin. Das

Ich ist kondensierte Seele. Das Ich ist die Brücke vom Geist zur Seele.

Nun, das Narkose-Experiment beweist, daß die Zone derjenigen Ganglien, welche das Ichgefühl auslösen, die eigentliche Zone des Ichempfindens, tiefer liegt als alle Wahrnehmungen, zu denen uns die Entwicklung nach dem Aufstieg der einzelnen Ganglienfähigkeiten geführt hat, d. h. tiefer als die Lager der höchsten Orientierungsfähigkeiten des Menschen, z. B. Raum und Zeit, Kausalität, der Vollzug der sogenannten Vernünftigen, des Logischen, des bewußten Phantasierens, unseres Künstlertums, unseres Religionsgefühls usw. Und zwar ganz räumlich genommen, wenn wir die allmählich in der Hirnrinde Platz greifende Tiefenwirkung in unserem Narkose-Experiment überhaupt anerkennen wollen. Das aber müssen wir schon, denn jeder Narkotisierte sagt, darüber befragt. dasselbe aus. Ich habe es zudem oft genug bei meinen eigenen Selbstnarkosen, zum Teil zu psychologischen Studienzwecken oft genug bestätigt gefunden. Nach den Zuständen der Abwehr, des Widerwillens den nur der wache Wille Anderer mit Gewalt überwindet, fängt die Orientierungsfähigkeit in der direkten Umgebung an auszufallen, der Orts- und Zeitsinn wankt, dann mag man nicht mehr recht zu begreifen, was mit einem geschieht, das Denken fällt schwerer und schwerer, Ursache und Wirkung verschwimmen, „Begriffe" haften nicht mehr, es ist, als würde alles Wirkliche und Abstrakte langsam abgestellt, und als sähen die Augen ängstlich nach innen, um dort die Gründe des Ausfalls höchster Geistigkeit zu erwischen. Dann kommt wohl Schlaf, aber das Ich ist noch nicht fort, es wandelt im Traum, aber doch als Ich noch eigen flutende Wege; der Traum steigert sich sogar zur Halluzination, Phantasmen treten auf, Rasereien oft unter Aufspringen und attackierenden Bewegungen, Kampfhandlungen beginnen, und es rollen die Augen undirigierbar her und hin, dann endlich wird das Ich ausgelöscht wie ein Name von der Wandtafel, wie man eine Fackel erstickt im Sand, nachdem schon das, was man volles Bewußtsein nennt, lange geschwunden ist. Dann gibt der Anruf keine Reflexe mehr, der Augenreflex hört auf, aber jetzt noch kann Schmerzempfindung an dem Abwehrzucken bemerklich vorhanden sein. Ist auch dieses ertränkt in der lethargischen Dampfwelle, so ist der Moment da, von wo ab jede tiefere Betäubung ein Kunstfehler ist. Das Reich des Unterbewußtseins steht schon dicht an der Schwelle des Todes*. Das

---

* Die Aufhebung des Bewußtseins, d. h. eben des Gefühls vom Ich, geschieht merkwürdigerweise (im Kriege!) nicht so sehr durch alle Gewalt, Schuß oder Zertrümmerung des eigentlichen Ganglienapparates; wir können eßlöffelweise Gehirnverluste beobachten ohne eine Tittelchenveränderung des Ichgefühls, wir sehen, daß zur Aufrechterhaltung des Bewußtseins des Ichs vielmehr die Blutverhältnisse und ihr Druck zu sorgen haben. Schon Gifte im Strom des Blutes verändern den augenblicklichen Bewußtseinszustand oft blitzschnell; Zyankali, Strychnin, maximale Dosen vieler anderer Gifte, schon der

alles läßt nun manch Interessantes schließen: die langsam sich einsenkende Hemmung dringt also schrittweise in die Etagen unserer Geistigkeit wie ein Tiefenmesser! In umgekehrter Richtung, als sich die einzelnen Hirntätigkeiten entwicklungsgeschichtlich erwerben ließen, gehen sie hier verloren. Die letzten kommen zuerst heran. Das Ichgefühl steht zwischen Tastempfindung und Unterbewußtem, das Auge war eher als das Ohr fertig als Organ, das Tasten früher als beide usw., von denen für uns hier am wichtigsten ist die Stellung des Ichs: unterhalb der sogenannten reflektierenden Vernunft, oberhalb der automatischen Reflexe und Instinkte und oberhalb aller unterbewußter Sympathikusempfindung und Tätigkeit.

Die Ichzone bildet also eine Art Scheidewand zwischen hohen Bewußtseinsfunktionen und den zurückliegenden schwebenden Meeren des Unterbewußtseins. Hier ist auch die Stelle, wo Außenwelt und Innenwelt sich berühren, wo die reale Hand des Verstandes gepackt werden kann von der

---

Kochsalzgehalt des Blutes modifiziert die Charakteristik der Augenblicksstimmung; Hormone treiben die flutenden Ganglienschwärme in bestimmte Richtungen; die innere Sekretion, Hirndrucksymptome, Gefäßschrumpf können Ohnmachten, Schock, Bewußtseinsminus erzeugen. Aber ein großer Hirndefekt noch lange nicht. Kann ich einen schlagenderen Beweis für die Betätigung der Neuroglia, des letzten Ausläufers des Blut- und Lymphsystems des Gehirns verlangen für meine Theorie, als die Experimentalpsychologie, die das wahnsinnig gepeitschte Eisen in jeder Form von Geschoß (verwandeltes in Unsegen zum Segen bestimmtes Gold!) in diesem Kriege betrieb?

Mysterienfaust alles vor uns Entwickelten und Gewesenen und von dem dunklen Willen des strömenden Äthers, es ist die Stätte, die zutiefst das helle Licht des Lebens erreicht, aber auch die Schwelle, an der das phosphorische Licht der Gewesenheiten aller Vergangenheitserlebnisse aus den Tagen der Kindheit des Menschen nicht nur, nein der Menschheit überhaupt, gespenstig hineinblitzt in den hellen Tag des Heutigen! Die Reize von der Außenwelt, die Reize von der Innenwelt, das Milieu mit seinen Ätherwellen und das Gewoge des Inneren, im wesentlichen durch innere Sekretionsströme getragen, stoßen hier aufeinander. Es gibt also eine Zone innerhalb des Ganglienhimmels, wo das Ichgefühl aufblitzt wie eine Summe von beiden, von Außen- und Innenreizen, genau als wenn aus beiden fernen Reichen Meteorpartikelchen gegen die Atmosphäre des Ichs geschleudert würden, und hier, wo sie aufleuchten zu Millionen gewiß, entsprüht auch die Zone des „Ich", die wie ein Streifen von Meeresleuchten in der Flut der übrigen, abgeblendeten Ganglien nun diesen zum Objekt der Betrachtung durch die rückleitende Phantasie wird und das, was hier als Gefühl innen getastet wird, diesen akkumulierten Gruppenreiz einer Zone, die durch den Ganglienwald aufleuchtet, diesen Vorgang der Reibungs- „Weißglut" aller Reizbarkeiten, fertigt das Sprachorgan ab mit dem Symbol dreier Buchstaben: Ich! Sprache ist immer nur der Versuch, einem anderen klarzumachen, was er glaubt, von den Vorgängen des inneren oder äußeren Lebens begriffen zu haben*. Jetzt erkennen wir erst deutlich, welche Beziehungen das „Ich" zur Gegenwart hat. Das Ich ist ein gefühlsmäßiges Bewußtwerden des phasenhaft immer von neuem Aufleuchtens einer bestimmten Ganglienzone, und zwar derjenigen, an welcher die Außen- und Innenweltreize sich berühren; es wird illuminiert, angesteckt, in elektrischem Sinne erhellt, erleuchtet durch die ewig rauschenden Ätherwellen des Kosmos und der Umwelt mit all ihren physischen Motiven, und es erhält aus den in Schächten der Vergangenheiten aufbrausenden elektrischen Triebsäften mit dem Blute jene ungeheuer wichtigen Gegenmotive, welche der Grundstimmung, dem Charakter, den Temperamenten, dem ganzen Bau der Persönlichkeit erst Fundamente schaffen. Hier muß auch irgendwie räumlich ganz nahe verfügbar die Stätte sein (Insula Reilii), wo der von uns sogenannte Reservestrom geistiger, akkumulierter Energie, zu einer ständig entladungsbereiten Gewitterwolke verdichtet, lauert, um nach den Lücken zu spähen, durch welche nach Hemmungsfortfall unserer blauen Umhüllungen der elektrischen kleinen Glühbirnen der Einbruch der fortgeschobenen Energieströme stattfinden kann. In Register hinein, in denen die einzelnen Flöten und

* Man beachte die Nachbildung einer gleitenden, glühenden Flut in dem schleifenden I-c-h-geräusch.

Stimmen unserer Hirnorgel ganz andere Harmonien und Symphonien ausüben gelernt haben, die je nach ihrer langen Einübung ganz bestimmter Funktionen vom Gefühl zum Begriff, bis zu den sechzigtausend Worten und ihrer Verkettung zum Satz, zur Aussage, zur stillen philosophischen Träumerei, zum schärfsten Denken oder zu den Millionen Möglichkeiten der Tat führen: vom Federhalten bis zum Heldentod sterben, d. h. die Einschiebung des Ichs mit seinen Willensstrebungen in die drei Orgelregister, welche das Bild der adjektivischen, der subjektivischen und verbalen (aktiven) Welt, wie Fritz Mauthner es ausdrückt, bilden. Hier ist die Zone, wo zunächst als Reiz die ganze Welt eigenschaftartig (adjektivisch), man möchte sagen rein physikalisch, chemisch, optisch, akustisch usw., also sensoriell, durch Sinne geleitet, gleichsam an die reizbaren Resonatoren ihrer singenden, klingenden Wellen anbraust, wo der hochgespritzte Schaum, das erlangte bunte Primaband nun schon den anderen Ganglien der Innenbetrachtung zum Objekt wird, die sie sammeln im Reiche der aufbewahrten Erinnerungen und der spekulativen Reflexionen (Phantasiebereich, rechte Hirnhälfte, Kategorien). Diese wiederum zu großen Stromkaskaden, Leuchtpyramiden, glühenden Trauben gruppierten Ganglienherde bilden ein Motiv, eine Intention, in irgendeiner Weise die im Gehirn erregten Stromwellen zu entladen, und diese Hirnentspannung wird

Wort oder Bewegung (Handlung), welch beides Tat bedeutet. Das ist ein Kreislauf, denn mit der Tat gibt die konzentrierte Ichzone dem Kosmos die Stromwellen zurück, welche dieser ihm durch die Sinnenbahnen zuführte. Eines jeden Ich ist also eingespannt in den Rhythmus der Gesamtnatur, und unser Wille muß, um harmonisch zu wirken, in Harmonie zu dem gesamten Ätherwillen sein, dessen unsichtbares Netz alles umspannt, alles durchrieselt, vom Vakuum bis zum festesten Stahlblock. In diesem Kreislauf ist also eine Empfängerzone der Gangliengenossenschaft, welche immer von außen und innen strombeladen nach einem Reiz verlangt, hungert, einem Reize entgegenwartet.

Man beachte, mit wie unendlich vielem Recht ich die Sprache einen erkennbaren Versuch, innere Mechanismen, Gangliengeschehnisse zu beschreiben, genannt habe. Gegenwart ist ein Vorgang, bei dem ein Etwas von Stromeinheit einem Reize: entgegenwartet. Sie ist das Gesamtgefühl dieses für Reize Gegenwärtigseins des „Ich", die Sprungbereitschaft der kleinen Leoparden des Willens, die Klanggeneigtheit aller kleinen Glöckchen der Wahrnehmung, die Spielbereitschaft aller kleinen Hirnorgeln, die jeden Augenblick (zehnmal in einer Sekunde sogar) anschnurren, losklingen, vibrieren und damit in ihrer Gesamtausdehnung über den ganzen Himmel des Hirngraus die nicht beteiligten Zuschauer der Nebenganglien zu der Vorstellung zwingen: hier geht etwas vor, sekündlich, pünktlich, hier leuchtet, zuckt etwas ein submariner Scheinwerfer durch die ganze Tiefe des Ozeans der geistigen Fluten von Augenblick zu Augenblick, und dieses wunderbare, zuckende Nordlicht an unserem inneren Sternsystem der Ganglien nennen wir mit unserem armen Sprachsymbol: das sich Bewußtwerden des von der Gegenwart immer neu entzündeten Ichs, d. h. ein Entstehen des Wissens von mir, nur erklärbar, nur einzig verstehbar, wenn man mit uns eben die Möglichkeit der Beobachtung von Teilen des Gehirns unter sich, des Hineinblickens der einen Hälfte in die andere, des Beobachtens des Rückenmarks durch das Gehirn usw. zugibt. Nur auf dieser Basis ist so etwas wie eine Hirnmechanik, ein ingenieurhaftes Beschreiben der Seelenvorgänge denkbar, die sich, wie diese, sogar an die mechanische Definition philosophischer Kardinalbegriffe heranwagen will.

Es muß mir erlaubt sein, an dieser entscheidenden Stelle kurz hinzuweisen auf die uns bekannten groben Mechanismen, welche imstande sind, das Ichbewußtsein, dessen physiologische Ableitung soeben versucht wird, zu betäuben, zu erlöschen, fortzuwischen, d. h. für die Dauer es völlig aufzuheben. Und zwar deshalb, weil gerade aus den hier folgenden Betrachtungen sich ohne weiteres ergibt, daß meine Auffassung vom Hirnmechanismus auf durchaus sicherem Boden steht, was sich immer mehr herausstellen wird, je mehr wir vordringen werden in das Verständnis auch der Trübungen, Verwandlungen, Exaltationen, Konfusionen, Dämonien und Wahnvorstellungen des Ichs.

Der Weltkrieg hat eine entsetzliche Fülle von Schädel- und Gehirnverletzungen gebracht, von einer Grausamkeit, wie sie die „blinde" Natur niemals, mit keiner Sintflut, mit keinem Erdbeben oder Luftorkan gewagt hat, sondern die allein dem sogenannten „bewußten" Menschenverstande, sagen wir nur offen, seinem bestialischen Vernichtungstriebe vorbehalten blieb. So grausam aber hätte auch kein himmlischer Experimentator sein können, wie hier der Wille zum Siege, etwa aus Sehnsucht nach Erkenntnis. Aber es wird vielleicht doch einmal (gewiß ein schwacher Trost für soviel Unheil!) Nachlebenden von Nutzen sein, wenn erst alles rein wissenschaftlich, d. h. eiskalt, schön exakt gruppiert, aufgezeichnet vor uns liegt, zu hören, daß kaum eine Stelle des Gehirns den grausamen Experimentalwerkzeugen der Technik unerreichbar gewesen ist! Das wird schon manches lehren, für uns hat es vor allem die Lehre von der gedoppelten Funktion beider Hirnhälften gebracht und zweitens offenbar und ganz deutlich aus allen Krankengeschichten ablesbar den Satz umgestoßen: „Das Gehirn ist der Sitz der Seele!" Das ist ein für allemal ein Köhlerglaube geworden. Die Leser meiner Bücher wissen ja, daß mich dieses Fiasko der materialistischen Betrachtungsweise von chemischer Diosmose und spezifischer Ganglienassoziation und Herausdampfung der Seele usw. nicht wundernehmen konnte. Man kann auch nur annehmen zur Entschuldigung der an diesen Satz Gläubigen, daß schuld an ihm nicht so sehr die Medizin und die Physiologie ist, als die oben angedeutete, unheilbare Konfusion aller solcher Begriffe, wie Seele, Geist, Gemüt, Ich usw.

Hier wollen wir ja eben einen kleinen herkulischen Besen in die Hand nehmen, um viel verstaubte Zadern gründlich auszufegen. Und zwar kann kurz gesprochen das Gehirn deshalb kein Seelenorgan genannt werden, weil allzuoft auf die allergröbsten Substanzverluste von Gehirnbestandteilen, sei es im Augenblick der Verletzung, sei es als Folge derselben durch Einschmelzung von allerkostbarstem „Seelen"material, der Ganglienzellen und sonstigen Hirnmassen keinerlei Trübung der Seelentätigkeit bei denen, die solche Verwundungen überlebt haben, festgestellt werden konnten. Man denke sich einmal den Sachverhalt recht durch: Hirnganglienarbeit und seelische Tätigkeit sollen absolut identisch sein, etwas anderes Seelisches als Ganglienarbeit gibt es überhaupt nicht, Seele und Geist, Vernunft und Verstand, Gemüt, Gefühl, das alles ist ausschließlich durch Ganglienassoziationen des Gehirns für die Herren Materialisten zureichend erklärt. Und nun kommen die

Tausende von Fällen mit großen Hirnverwundungen und zeigen, wenn manchmal auch sterbend, noch eine völlige Intaktheit ihres Ichs, ihres Geistes, ihrer Vernunft, ihrer auch noch so schmerzlich zusammenbrechenden Erinnerung. Wie oft haben wir in einem Schädelverband Unmassen von Hirnsubstanz den staunenden Schwestern zeigen können, aber ich habe auch niemals versäumt, ihnen zu sagen: „Nun, meine Damen, angesichts dieses hier völlig klaren und seelisch intakten lieben Dulders und angesichts der Menge seiner Hirnpartikel, welche er hergeben mußte, sind Sie hoffentlich ein für allemal davon überzeugt, daß das Gehirn allein der Sitz der Seele, des Geistes unmöglich sein kann. Die Sache hängt denn doch anders zusammen!"

Wahrlich, das, was wir Seele nennen, ist überall, zu ihr gehören die Säfte der Drüsen (Schilddrüse), das Blut, die Tastfasern in Fingern und Bauch, das Muskelgefühl, das Neurogliagefühl, die Sinne usw. Sie ist nicht physisch, sie ist nicht meßbar, betastbar, mechanisch analysierbar, sie schwebt über dem ganzen Organismus als eine höhere, als eine transzendente Einheit; was sie ist, kann man nur durch Ausschluß alles dessen, was eben physisch ist, abgrenzen, sie ist metaphysisch. Sie ist das, was den Leib und Erkenntnisapparat, das Gehirn, seine Aktionen, Sprache, Gedanken, Tat durch ihren Orientierungsapparat, den Ganglienhimmel, geschaffen und möglich gemacht hat und dauernd kontrolliert. Sie sitzt nicht im Gehirn, sie thront über dem ganzen Leib und durchrieselt ihn beständig, sie ist ein Abgesandter lichterer Höhen, eines überirdischen Monsalvat, der ihre himmlische Heimat ist. Ihr Walten ist ein Auftrag der Gesamtseele, den Stoff zu steigern zum himmlischen Erkennen, zum Zurückführen des luziferischen Abtrünnigen in die höchste Geistigkeit. Davon später mehr. Aber wie ist es mit dem Ich?

Auch dieses wird sonderbarerweise durch jene Fälle von Verwundungen des Gehirns, die natürlich immer nur die relativ seltenen Ausnahmen umfassen, bei denen der Tod nicht jede Frage verstummen machte, d. h. durch das Angreifen der rohen Gewalt, durch Zertrümmerung von Hirnsubstanz überraschend wenig, ja oft gar nicht verändert. Wir können also getrost sagen, auch das Ichgefühl wird durch den Ausfall von unzähligen Ganglienkugeln so gut wie gar nicht alteriert. Es muß also wohl in der Funktion der Gesamtheit der Ganglienkugeln resp. einer gewaltigen Zone des grauen Hirnsaumes bedingt sein, wenn es überhaupt innerhalb der Ganglienbreite webt, herumspukt und geistert. Man muß also annehmen, daß der Ichbegriff zwar an den Ganglienapparat gebunden ist, aber daß selbst der Ausfall von Millionen von Zellen ihn nicht vernichten kann, vielleicht, weil nach dem Ausfall die übrigen Zellen blitzschnell die zerstörte Funktion übernehmen. Denn nacherzeugen lassen sie sich nicht. Sonderbarerweise sind Hirn- und Rückenmarksganglien nicht regenerationsfähig, vielleicht weil sie so hochstehen im Entwicklungsprozeß der zur Geistigkeit aufgestiegenen Materie. Krebsschwänze und -scheren, Wurmköpfe und Eidechsenglieder wachsen wieder, aber nicht eine einzige Ganglienzelle! — Dagegen wird das „Ich" aufs schnellste, tiefste und umfassendste ausgelöscht, wenn der **Blutumlauf**, plötzlich oder langsam sich vorbereitend, gehemmt wird. Dann haben wir ein schwammartiges, gelatinöses, elastisch schwappendes, gleichsam aufgesteiftes Konvolut innerhalb des starren Schädels, aus dem das eingepulste Blut nicht wieder herauskann: eine Drosselung, eine Abschnürung des Gehirns tritt ein. Das Blut staut sich, und in solchen Fällen ist schon die Bewußtlosigkeit da! **Spricht das noch nicht deutlich genug für meine Hemmungstheorie der aktiven Neurogliatätigkeit, wonach die Neuroglia als letzter Ausläufer, als die Auffaserung der Blutadern ungemein wichtig wird?** Ja, hier aus den Studien über Hirnverletzungen kann man direkt erkennen, daß die Blutzirkulation an dem „Ich" und Bewußtseinsbegriff den Hauptanteil hat, einen, der funktionell den der Ganglien sogar überwiegt.

Wir wollen hier nicht näher darauf eingehen, warum ebenso absolute, plötzliche Blutleere wie dort die Überfüllung mit Blut im ganzen Gehirn durch Gefäßschock erregt, schlagartig, wie in der Ohnmacht usw., das „Ich" auslöschen kann, tiefer als im Schlafe und noch enger brüderlich verschwistert mit dem Tode. Im Buch „Von der Seele" ist darüber Ausführliches zu lesen. Ich bin zur Rechtfertigung meiner hier angewandten persönlichen Methode genötigt, darauf hinzuweisen, wie sehr diese Flut von gewaltsamen Durchbohrungen, Anschießungen des Zerreißens, Zerwühlens der Gehirne der Verletzten geeignet war, meine Theorie von dem Einfluß des Blutumlaufes für alles geistige Geschehen im Gehirn zu erweisen. Eine Fülle von neuen Anschauungen springt aber aus dieser Auffassung, wenn wir erst einmal die Zusammensetzung des Blutes und seiner Bestandteile heranziehen werden zu allen den feinen Funktionen am Ganglienapparat, welche das Ich in Milliarden Individualisationen und Variationen, vom stumpfen Phlegma des Idioten bis zur Raserei des Genies aufzulösen gestatten.

Geht doch der wesentliche Anteil, welchen das Ich vom Unterbewußten herbezieht, auch für ein harmonisches Ich ganz allein durch die Stromquelle des Blutes.

Wir wissen es noch nicht allzulange, es werden zwanzig Jahre her sein, daß Drüsensäfte einen enormen Einfluß auf geistige Aktionen haben müssen, weil ihr Aufhören, ihr Fehlen nach operativen Eingriffen, beispielsweise der Schilddrüse, nach Herausnahme derselben ungeahnte geistige Störungen schwerster Art bedingen. Ein Mensch, der plötzlich der ganzen Schilddrüse mit ihren Nebenkörperchen beraubt wird, stirbt geistig ab, und hätte man in der vorwitzigen Weise der Chirurgen solche Operation bei einem Newton und Goethe gemacht, sie wären beide unrettbar Idioten geworden, und wir wären um einen der köstlichsten Geisterkämpfe, den die Literatur kennt, den um die Farbenlehre, gekommen. Um wieviel Genies also Herrn Kochers Messer die Welt beraubt (strumipriviert) hat, wissen wir nicht, aber wir haben aus diesen Experimenten gelernt, daß innere Organe Dinge produzieren, die für den Betrieb eines menschlichen Organismus so wichtig sein können, wie ein Führungsrad, ein Leitriemen, eine Kontaktbüchse für einen Maschinenbetrieb. Eine Tatsache, welche ins Gewicht fällt und den ewigen Blinddarmschneidern und Rachenmandelnbarbierern, Aufmeißlern und Uterushöhlenkratzern eigentlich etwas zu denken geben sollte! Wir wissen, daß fast jede solche innere geheime Werkstätte eine Segensquelle ist für den Betrieb des Ganzen; die Drüsen, die nach außen ihren Saft leiten, leisten für die Harmonie des Organismus und seiner Bestandfähigkeit wahrlich genug, ein wunderbares Geheimnis aber umflüstert die Tätigkeit der kleinen Saftbrauereien in den zahlreichen Drüsenkörpern und den meisten Geweben überhaupt, welche ihren Segensstoff nicht nach außen abgeben, sondern wie kleine Lebensbäche einmünden lassen in den großen Strom von Blut, der alles im Leibe säen, keimen, aufblühen läßt, von der stillen Architektur der Form, vom Räderwerk der Automatien bis zu dem Hochbetrieb des Geistes, den Gedanken! Das eine wissen wir heute ganz genau: in der Zirbeldrüse, in der Schilddrüse, in den Geschlechtszellen, in der Bauchspeicheldrüse, im Mark der Knochen, im Hirnanhang usw. werden Stoffe produziert, von denen fast jeder bewußt behaupten könnte, wie ein Geiger im Orchester: „Ohne mich geht's eben doch nur halb!" Ja freilich, sprechen können sie nicht, aber nicht nur belebend, nein belebt sind sie; es ist Leben in diesen Heil- und Harmoniesäften, die die Nerven steuern, als wären sie die Seele des Steuermanns, welche sich gegenseitig hemmen und fördern, wie in einer zierlichen Quadrille, wo Part mit Gegenpart den schönen Reigen erst zuwege bringt. Säfte, die leben*! Jawohl! Oder ist das nicht lebend, wenn ein Ferment des Magens ohne eine Spur an Kraft zu verlieren, ganze Felsen von Eiweißnahrungen spaltet, genau so, als wenn ein einzelner Mensch einen Chimborasso langsam zu Staub, ja noch tiefer zu Grundstoffen, zu Wasser und Kohlensäure zerriebe, ohne selbst zu vergehen? Ist das nicht belebt, um ganz derb real zu sprechen, wenn durch die Einspritzung von 1 ccm Hormonal,

---

* Ohne diese Betrachtung ist der Abbau eines Eiweißmoleküls durch ein dauernd qualitativ und quantitativ unverändertes Fermenttröpfchen mysteriös!

wie uns das der ausgezeichnete Kliniker Professor Zuelzer gezeigt hat, eine Verdauungsstörung von vielen Jahren für mindestens zehn Jahre beseitigt ist, weil das eingespritzte, aus Drüsensäften gewonnene Zaubermittel so lange die Harmonie der Darmbewegungen automatisch regelt? Diese Stoffe, die man „Hormone", auf Deutsch „gerufene Lebensgeister" (ὁρμάω = ich rufe) nennt, spielen eine ungeheure Rolle in der Gegenwartsmedizin und werden mehr als die Bakterien einst die Medizin der Zukunft beherrschen, weil durch sie zum ersten Male eigentlich das von mir immer betonte Verhältnis von Saft zur Seele schlagend erwiesen werden wird. Hier haben wir nur zu untersuchen, in welcher Weise wir uns zu denken haben, daß diese Stoffe auf das Ichgefühl Einfluß üben.

Nun, sie sind alle eigentlich konservative Reaktionäre. Sie halten fest, was in Jahrhunderttausenden die Natur erreicht hat zur Lebensfähigrmachung ihrer Gebilde. Sie sind die Aufstapler der Erfahrungen aller vergangenen Lebenskämpfe, sie sind die grundlegenden Unentweichbarkeiten unserer Lebensbedingungen, sie sind die Fundamente vorzeitigen Wissens. Sie sind das Wissen vom Aufstieg der Kreatur zum Menschen, die Urquellen und Strombetten und Fortpflanzer des Ge - Wissens! Sie gleichen aus, wenn noch so sehr die Gegenwart mit immer neuen Forderungen unsern Denkapparat bestürmt, wenn immer neue Tragödien der Liebe oder Bacchanale der Lust den Kreis der Möglichkeiten zu erweitern sich bestreben, sie halten das Ich fest an dem einmal Erreichten, sie warnen, mahnen, steuern, sie sind die geheimen Sendlinge der Erfahrung, sie sind es, durch die ein Konfuzius, der konservativste aller Denker, spricht: „Ehrt die Vergangenheit! Sonst sterbt ihr!" Wahrlich, es klingt wie ein kalauernder Witz, aber es ist die nackte Wahrheit, die Hormone sind die Harmoniker des Ich! Wenn sie nicht da sind, stockend oder gehemmt, so fehlt etwas, etwas in dem Orchester der Seele fällt aus, woher der trefflich gewählte, von meinem alten Lehrer Senator geprägte Ausspruch stammt: sie bedingen Ausfallserscheinungen. Er, der Vater der Lehre von der „inneren Sekretion", hatte keine Ahnung von der Bedeutung, die seine Lehre für die Physiologie des Gehirns, des Geistigen haben würde. Es ist ein schöner Grabstein, den ich, sein Schüler, ihm an dieser Stelle zu setzen die Gelegenheit nicht versäume. Denn er hat es als erster ausgesprochen: „Die Blutdrüsen beherrschen die Lehre von dem Kranksein!" Und ich füge dazu, sie sind, normalerweise, die Motoren unserer Gesundheit!

Wenn alles in dem schwer erworbenen Vorteil, den der Ringkampf zwischen erneuertem Geschehen und erworbenem Bestand davon abhängt, ob das Erreichte den Anstürmen des Werdenden gewachsen sich erweist — sonst ginge alles zugrunde —, so müssen wir in ehrfurchtsvoller Demut, auch in der Politik, dem fest Gewordenen seine Naturbestimmung lassen. Das ist der Sinn jeder konservativen Aristokratie, die es auch im Volksstaat immer geben wird, die nur eine Raserei des Neuschaffens aus nichts, ohne Tradition, mit Haß bekämpfen kann! Wir wollen dieses aus der Biologie allein hellbeleuchtbare Thema hier nicht ausführen — hier genügt es, auch dem Laien, dem Naturunkundigen klarzumachen, daß in unserer eigenen Brust das schon Erreichte eine unendlich wichtige Rolle spielt, gegen welche die Sehnsucht, weiterzukommen, immer die Rolle der meuternden Dirne aller Revolutionen spielen wird. Aber lassen wir alles Soziale beiseite, die Prüfung des eigenen Ichs ergibt, daß es janusköpfig ist, es möchte ebensowohl seine ihm lieben Traditionen festhalten, wie die Gegenwartserfahrungen, seine eigenen Erlebnisse und Überzeugungen hinausschieben in schönere Möglichkeiten! Die Zone des Ichs ist es eben, wo die Arena liegt zwischen Zukunft und Vergangenheit. Hier ist das Büro gleichsam der bindenden, allein Rechte gewährenden Entschlüsse, sich mit der Vergangenheit untrennbar zu verankern oder das Luftschiff der Zukunft zu besteigen. Wo die Zone des Ichs ist, ist auch die Zone des Gewissens, welche nichts anderes bedeuten kann, als das Monitum, das Memento mori oder Spera vivere, das aus zwei Quellen gespeist wird, aus der intensiven Beobachtung der Gegenwart und aus Beachtung der gewonnenen Unumstürzbarkeiten, der Gewinnung des Klassischen! Solange aber kein Konflikt zwischen diesen beiden Füllquellen des Ichs (des Charakters) entsteht, walten eben die innensekretorischen Mächte so harmonisch durch ihre inneren Lebensantriebe, daß ihnen die von außen kommenden Neuantriebe des vorwärtsdrängenden Lebens nichts anhaben können. Schwanken kann nur der, welcher fühlt, daß seine Umwelt seine Innenwelt zu überrumpeln droht. Es ist die Gleichgewichtslage, in der die Heroen der Menschheit sich befanden, wie Buddha, Christus oder Goethe, es ist der Gleichgewichtsmangel, der aus so vielen einen Hamlet, einen Faust, einen Peer Gynt, einen Manfred, die Musterbeispiele großer problematischer Naturen macht. Es ist erschreckend, zu denken, daß Säfte uns zum Mephistopheles oder zu einem Luther machen können, aber es ist die Wahrheit: mein Ich ist die Differentialsumme von Außenwirkung aller Reize und von Innenwirkung der inneren Sekretion. Hier schäumen die Triebe gegen die Felsen der Vernunft! Aber dieser schreckliche Ringkampf verliert an grauenhafter Unbegreiflichkeit, wenn wir uns klar machen, daß es gewonnene Geistigkeiten sind, die in diesen „lebendigen Flüssigkeiten" kreisen, wie es Geistigkeiten sind, die uns unaufhaltsam treiben, den Kreis des Gewordenen mit Zukunftsideen zu durchbrechen! Wie es auch Geistigkeiten gewesen sind, die den

Strom des Lichts, der Wärme, der Elektrizität usw. bis zur Zelle, zum Bewußtsein, zum Ich und zur Vernunft emporgesteigert haben. Unser Ich ist die Kuppe, der Gipfel dieses Aufstiegs des ruhenden Äthers zu Funktionsquanten!

Alles, was gutes Gewissen bedeutet, kommt eben darauf hinaus, wie das Ich die Außenweltwirkungen in Einklang zu bringen vermag mit dem Grundstock meines unterbewußten Wesens, ob ich Handlungen zulasse im Kreislauf der Welterlebnisse, die mit meinem Erhaltungstriebe direkt in Widerspruch geraten oder nicht. Denn zweifellos ist es ein Urtrieb, sich zu erhalten, also müssen Handlungen, die an dem Grundstock der Existenz rütteln, eine Gefährdung, ein in Unruhebringen meiner Lebenssicherheit in moralischer wie in strafrechtlicher Hinsicht, von dem Verstoß gegen meine inneren Überzeugungen bis zu dem gegen die Staatsgesetze, die Harmonie des bewußten und unterbewußten Betriebes gerade in der Ichzone der Ganglienformationen empfindlich stören. Diese **Interferenzen der Motive** aus beiden Lagern über und unter der Ichzone, dieses Schwanken der Welle des Zweikampfes, verhindern ein ruhiges Leuchten des immer aufzuckenden Flämmchens persönlichen Seins. Ein Flackern, ein Ausweichen, ein kurzschlußartiges Überspringen von Ganglienzuckungen in die Gefühlsbahnen mit dem Charakter der Gefahr tritt ein, welches dem Unlust- und Schmerzgefühl, deren Wesen der elektroide Kurzschluß aller sensitiver Leitungen im Körper ist, ganz nahekommen. Dieser Motivstrudel, dieses Aufschäumen der Gegenwart gegen die Überkommenheiten, das Anprallen des Ich gegen gleichzeitig zwei Bedingtheiten, jene nach innen, diese nach außen, das beobachten nun die an diesem Prozeß unbeteiligten anderen Gangliengruppen und führen die erfaßte Unruhe der Ichflämmchen zum Sprachorgan, und wir geben ihm das Symbol: Qual, Gewissensqual, Seelennot usw., deren Lautbildung unserer Meinung nach auf dichterisch-phantastischer Weise zur Entladung der im Innern erregten Stromüberladungen stattfand, zum Zweck einer Entlastung des Gehirns von seinen sonst nicht lösbaren Spannungen. Das vulgäre: „Ich muß mich einmal ordentlich aussprechen", die Beichte, das Bekenntnis, die Reue, die Freudsche Psychoanalyse — alles das sind Versuche zur Gleichgewichtseinstellung unserer Gehirnerregungen gegen das sympathische System, aber nicht im Sinne Freuds, wo es sich um „eingeklemmte" Motive im Triebleben handelt, sondern um Motive, die eben gerade im Bewußtsein erinnerungsgemäß verankert und versenkt sind, und welche auch die Vernunft, das bewußte Leben, die Erfahrung, das Ich zu verarbeiten die Aufgabe hat. Daß eben all unser geistiges Tun vom Empfindungsreiz über die Spekulation, vom Gedanken bis zum Wort, von der Humorstimmung bis zum Lachen, vom Anhören einer Beleidigung bis zum Faustschlag ein motivischer Kreislauf der Welt- und Nervenströme ist, der sich im Gehirn abspielt unter Zuhilfenahme einer dem Ich und dem Willen zur Verfügung stehenden aufgespeicherten Reservemacht — diese Erkenntnis ist für mich wohl der größte Gewinn, welchen ich aus derlei Betrachtungen gewonnen habe; damit sehe ich, daß mein geistiger Mechanismus dem Universum und dem Kosmos ebenso sicher eingewebt ist, wie das materielle Geschehen und seine strengen Gesetzmäßigkeiten in die Gemeinsamkeiten des alles durchziehenden Äthers!

Nun bleibt mir für dieses Thema vom „Ich" nur wenig noch zu tun übrig, nämlich ein wenig auf seine Geburt und seinen Tod einzugehen, selbst auf die Gefahr hin, die Frage berühren zu müssen, ob das „Ich" wirklich stirbt im Tode des Leibes, oder ob es eine Möglichkeit gibt — nicht es zu hoffen, sondern es irgendwie wissenschaftlich zu stützen —, daß so etwas wie ein „Ich" unsterblich sein könne*.

Wir haben es schon gesagt, ein jeder kleine Menschensendlingsbote, mit der Garantie von der Unsterblichkeit der „Menschheit", muß sein „Ich" erlernen. Wie geschieht das? Nun, durch langsames Vorbereiten aller in ihm noch nie erklungenen kleinen Hirnmaienglöckchen, die bei der Geburt so gut wie gar nicht funktionieren. Es

---

* Das wird später in einem neuen Werke: „Über die Unsterblichkeit" in positivem Sinne von mir entwickelt werden.

liegt alles im so seligen Paradiesesschlaf nach der überstandenen, aber ihm nicht bewußt gewordenen Qual der Geburt, es ist alles abgedämpft durch die Übermaße von hemmender Neuroglia, die erst später zur zuckenden, ordnenden Ein- und Ausschaltung sich anschickt. Erst müssen durch die kleinen Gucklinsen die goldenen Klöppel der Sonnenstrahlen an die winzigen Glockentürmchen in dem noch kleinen Wächterhause millionenfach anläuten, die Sinne alle ihre Glockenzüge in Bewegung gesetzt haben, ehe langsam hinter den Wolken der Neuroglia der Himmel sich mit Sternchen besetzt, die langsam die schwebende Hemmung durchbrechen. Bis dahin geht alles den Weg des unbewußten Reflexes, der Automatie und der Instinkte. Das alles ist eine Angelegenheit des Mechanismus außerhalb des „Ichs", den eben eine plastische Idee an sich schon lange vorher ersonnen und ausgearbeitet hat. Hier müssen für das Bewußt-Werden des „Ich" im Gehirn erst eine unendliche Anzahl von Fähigkeiten nicht erzeugt, sondern erzwungen werden aus einer prädestinierten Anlage heraus. Wie eine Unzahl kleiner Schläfer in der Tiefe der Todesruhe, im Grabe des Ichs vor der Geburt, wühlen sie sich aus der Verschüttung hervor, lernen auf Licht, Wärme usw. reagieren und Ströme zu akkumulieren, und damit das Spiel der Leuchtkugeln tauschenden Ganglien zu inszenieren, noch immer ohne Motive, immer nur im Spiel von Automatie und in der

Richtung des geringsten Widerstandes gegen die Reizwellen aller Art und bewacht von der schon wissenden und von Vormüttern belehrten Mutter des Kleinen. Und so müssen die ersten kleinen Geisterfingerchen der Junker „Ganglien" an die Sphäre der Vergleichsmöglichkeit ihres dumpfen Innengefühls tippen und erst diejenigen Brücken geschlagen werden, auf denen das Unbewußte überhaupt zum Bewußtsein, das Tier schließlich zum Menschen aufsteigen konnte: die Fähigkeiten der Phantasie müssen geboren werden, welche unser menschlicher königlichster Besitz ist, die Fähigkeit, etwas außer uns, vor uns Stehendes auch in einer Art rückläufigen Nervenstromes in uns beliebig wiederholt vorstehend zu machen, d. h. uns ein Ding, einen Vorgang, innerlich „vorzustellen". Das macht unser Geistigtum aus, in uns die Welt noch einmal zu konstruieren, ihre Gesetzmäßigkeit durch Experimente zu erkunden, das macht uns so kausalitäten-hungrig, zum Ursachentier, schuf unsre Handwerkszeuge und Technik und uns zu unheimlichen Wesen, welche die Riesen der Naturkräfte in Sklavendienste zu zwingen versuchen. So muß also das Kindlein erst Spiegelungen, innere Erscheinungen und schließlich die Fähigkeit der Phantasie erworben haben, um auf dem Wege des Vergleichs und „Nach"-Sinnens die Spuren seines „Ichs" zu finden. Wir sahen ja auch von der Narkose her, daß rings um das „Ich" die Phantasie in der Reihe der geistigen Errungenschaften steht. Bevor diese dunkle Vorstellung von einem dämmernden Morgenrot des „Ichs" im kleinen Weltbürger nicht zu einiger Helle schwillt, lallt er zwar in seiner noch imitierenden Kosesprache, der Mutter entlehnt, Kalli (Karli), Wim (Wilhelm), E-ich (Erich), „will" Milli haben, aber es kommt kein „Ich will" heraus! Er ist sich noch, wie der große Cäsar später bewußt, ganz Objekt, er spricht von sich in der heuchlerischen Verbergung seines „Ichs", wie jener große Unsterbliche in seinen Werken. Wie muß es rührend gewesen sein, als der kleine Kerl am Tisch beim Breipappen plötzlich ein „ich" einmogelte und mit verlegenen Augen schräg die Eltern unsicher anguckte: was sie wohl sagen werden zu diesem ersten tappenden Schritt ins volle Menschentum, von dem, was er freilich nicht weiß, sein ganzes Schicksal abhängt, mit dem er das Paradies verläßt. Aber unsre Eltern sind viel zu unpsychologisch, um alle die Wunder recht zu bemerken, welche sich an dem kleinen werdenden Genius enthüllen. Vielleicht ist es ganz gut so, denn sie genießen die Offenbarungen ihrer Kinder vielleicht auch so intensiv genug, vielleicht wärmer und inniger als die Augen des Forschers, wenn in ihm nicht, was selten ist, ein sehr weiches Herz den Denkapparat steuert. Ist erst das „Ich" geboren, so ist auch die tastende Logik schon sprungbereit, und es gibt nichts Drolligeres, als beim Kinde die werdende Logik zu beobachten, die sich kundgibt in dem

naiven Kausalitätshunger und dem unvermeidlichen Verketten von Dingen durch Fragen, die einen Gott in Verlegenheit, Rührung oder zu donnerndem Jupiterlachen bringen müßten.
Wie nun aber, wenn diese ganze Phantasmagorie, diese Fata Morgana im Spiegel des „Ichs" fortfällt im Getriebe des Gehirns? Was geschieht dann, im Greisenalter, beim allmählichen Erlöschen der Flamme des scheinbar unvernichtbaren Glutenschmetterlings meiner Seele, oder beim plötzlich, wer weiß wohin, enthobenen Gefühl vom Ich, das uns manchmal, wie in der Ohnmacht, im Schock, in der Narkose, im tiefsten Schlaf überraschend geraubt wird? Wir würden nicht so ruhig diesen Verlust des Ichs ertragen Nacht für Nacht, ihn gewiß nicht segnen als die Zeit der Heinzelmannarbeit in den Palästen unsres Leibes, wenn wir nicht diesen Verlust zugleich mit der relativ sicheren Wahrscheinlichkeit hinnähmen: „Nun, ich werde ja ganz gewiß wieder erwachen!", obschon das niemand ganz bestimmt behaupten kann! Es ist von Wichtigkeit, sich vorzustellen, daß beim gewöhnlichen Schlafe schon ein ganz gleicher Mechanismus einsetzt wie beim Tode, wie bei der Narkose, ein stufenweises Hinuntersinken eines Hemmungsmechanismus in die einzelnen Zonen, welche den Orientierungsapparat der Ganglien eben noch wach erhalten hatten, wie wir das ja im narkotischen Experimente mitgemacht haben; es ist vor allem dabei zu bemerken, daß also alle

diese Abblendungen des Bewußtseins schichtweise den Menschen gleichsam tiefer stellen, zurückschieben in Entwicklungszonen dagewesener Epochen, wie ja die Träume auch meist mehr das vergangene, versunkene Gebiet der Erinnerungen mit aufleuchtenden Nebeldünsten umwallen, als die eben erlebte Gegenwart; das ist deshalb wichtig, weil daraus die ganze Symptomatologie, das ganze Erscheinungsbild eines Gehirnlebens erhellt, dem soundso viele Gangliengruppen des Orientierungsapparates irgendwie außer Funktion gesetzt sind, kurz, die Beziehungen des abgeblendeten „Ichs" zur unterbewußten, oft prähistorischen Dämonie. Hier soll nur bemerkt werden, daß der Greis, welcher sein Ich eher der Welt zurückgeben muß als seinen Leib, beim Eintritt dieser also die Ichzone umgreifenden Altershemmung, dieser Narkose aus mangelndem Blutumlauf, Säfteverdünnung, Kohlensäureüberladung wegen eindämmernder Atmungsenergie, Beimengung narkotisierender, trübender Krankheitssäfte und was sonst noch die Gründe des unerbittlichen Aufsteigens der Todesflut oder vielmehr ihr Herabrieseln aus den Höhen der obersten Bewußtseinsschichten sein mögen — daß solch ein Greis seinen Leib automatisch steuern lassen muß von der Hand der Stellvertreter und Urahnen seiner bewußtseintragenden, geistigen Gangliensprossen, d. h. von dem unterbewußten Räderwerk, dessen Sondergehirn der Sympathikus ist. Wir können uns am Bilde der Narkose leicht klarmachen, auf welche Weise nun diese kurz vor dem Tode inszenierte Hemmung schließlich wie eine erdrosselnde Hand tiefer und tiefer die eigentlichen elektrischen Zentralen für die einzelnen Körperfunktionen packt und Akkumulator um Akkumulator abstellt und schließlich den Apparat definitiv vernichtet. Dem widerspricht nicht das plötzliche klare Aufblitzen des Ichs mit allen seinen persönlichen Beziehungen, das die Beobachter eines Sterbenden so oft in Erstaunen setzt, wodurch möglicherweise der Mensch noch einmal sein ganzes Leben wie in einem Geisterfilm abrollen sieht, vielleicht sogar mit der Vortäuschung der ganzen langen, wiederholten Lebenszeit! Unsre Theorie der Abhängigkeit alles geistigen Geschehens vom Spiel der Blutgefäße, beweist gerade hier, daß ein dem Tode voraufgehender plötzlicher Krampf der kleinsten Hirnadern noch volle Freiheit der Ganglienverkettungen, d. h. Bewußtsein wie in Scheinwerferhelle gestattet. Es wird alles für kurze Frist noch einmal so mystisch erkennbar, klar, so sinnreich wie nie, und doch ist dieses Aufleuchten der sichere Vorbote von der kommenden Nacht der unwiderruflichen, endgültigen Hemmung durch Lähmung aller Gefäße! Todesklarheit ist Gefäßkrampf vor der definitiven Hemmung! Und da schließlich die endgültige Hemmung, der Tod, nicht eher einsetzt, als bis das Herz stillsteht, so sehen wir auch hier wie mit einem letzten Hellblick über alles geistige Geschehen unser Gesetz bestätigt: auch der Tod ist vom Blutsystem her bedingt, genau wie alle andern reparablen, periodischen, funktionellen oder künstlichen Hemmungen. Sie sind vom Blutsafte getragen, und zwar nicht im Sinne eines ernährenden Stoffwechsels, sondern im Sinne einer elektrischen Schaltgewalt, was allein daraus erhellt, daß das schlecht ernährte Gehirn in allen Fällen mehr geistige Arbeitsleistungen aufweist als das gut ernährte. Die Unruhe, das Zappeln, das ewige Brabbeln der Greise ist eben Hemmungslosigkeit der Ganglien, eine Folge mangelnder Dämpfkraft der verdünnten Blutmischung. Dieses Verhältnis hat die Natur veranlaßt, fast allen tödlichen Leiden einen ungemein segensreichen Mechanismus mitzugeben, welcher dem Menschen den scheinbar gräßlichsten Kampf zwischen Leben und Tod gnadenreich erleichtert. Seien es Krebssäfte, seien es Produkte des tuberkulösen Zerfalles, seien es Blutgase bei Herz- und Drüsenerkrankungen, Toxine, Fermente, Dishormone, wie man will — lange, ehe die Stunde kommt, wo der Bewußte schon die Sichel des Todes mähen hören könnte, sind vermittels der vorangegangenen pathologischen Beimischungen gleichsam narkotisierender Säfte zum Blut die beobachtenden Ganglien abgestellt; es ist eine Gnadennarkose der Natur am Werke, die wir nicht hoch genug in der Skala beobachtbarer Zweckhandlungen des uns unerkennbaren Weltbewußtseins bewerten können.

Namentlich bei der Tuberkulose werden Stoffe erzeugt, die geradezu das Gefahrenbewußtsein des Einzelnen, selbst bei Ärzten, die doch den Verlauf ihres Leidens wissen müssen, in solchem Grade abblenden, daß eine Art Täuschungsversuch entsteht, der nur in der Beimengung spezifischer hormonähnlicher Stoffwechselprodukte mit zerfallenden Gewebeteilen gesucht werden kann. Man sollte allen Ernstes versuchen, dieses „Optimin" der Tuberkelbazillen aus Nährmedien (Gelatinekulturen, Agar-Agar, oder Tiergewebe) chemisch rein zu gewinnen und es als ein physiologisches Stimulans, als ein Stimmung und Leistungskraft enorm erhöhendes Elixirum excitans dem Leidenden einzuspritzen und sich so der Bedrückten zu erbarmen! Gnadenreiches Berauschen mit Hoffnung, solange der Mensch noch sein Ich behält, und Gnadennarkose, falls er dahinkommt, es zu verlieren!

Ist es nun wirklich nach diesen Auseinandersetzungen mit dem Kernproblem aller Psychologie so schwer, sich eine Vorstellung von dem zu machen, was unser rätselhaftes Ich bedeutet? Es müßte allein an einer schiefen Darstellung liegen, für die ich bei der Neuheit dieser Gedankenfolgen um Nachsicht zu bitten hätte, aber mir scheint das auf diese Weise abgegrenzte funktionelle Ich, die funktionelle Zone, die im Gehirn zwischen bewußter Orientierung und Unterbewußtsein mit jedem Augenblick ständig neu aufleuchtet, ein fast handgreiflicher Vorgang, und wäre es auch nichts als eine Idee, so hat diese Fiktion doch sicherlich enormen Nutz- und Lehrwert, indem sie doch auch dem Laien eine Annäherung an dieses schließlich jeden brennend interessierende Problem gestattet, weil ja jeder ein Ich ist und doch jeder wissen möchte, was er dadurch eigentlich ist, resp. wie seine Empfindung von sich zustande kommt oder wissenschaftlich erhellt werden kann. Freilich ist mit dieser Definition noch nicht der Forderung genügt, etwa mit dieser Auflösung des Ichs in einen spezifischen Ganglienvorgang nun auch herangehen zu können an das letzte: „Erkenne dich selbst!", d. h. allein hieraus erhellt noch nicht die Bestimmung des Wesens, des Charakters, der Neigungen, der Änderbarkeit des Ichs unter bestimmten Bedingungen. Das kann erst voll erkannt werden, wenn wir unser ganzes Programm gelöst haben, d. h. vor allem auch alle die Mechanismen besprochen haben werden, welche dauernd den Thron des Ichs zum Schwanken und Wanken bringen möchten (Dämonien) und der Selbstbeobachtung die Wege weisen können, um zu wissen, wo das einzelne Ich fest und unweigerlich verankert ist in charakteristischen Automatien seiner Ganglienfunktionen, und wo es die Lücken überschauen kann, durch welche das Milieu und der Fremdwille eindringen kann in die Zone der schwebenden Reservekraft, um Überlegungen und Aktionen zu veranlassen, die eigentlich nicht dem Ich gehören, sondern eben etwas außerhalb des Ichs sind. Kommt dazu die innere Sekretion mit all ihren Spannungen, Ausfällen, Lockungen, sofern sie nicht die har- oder hormonische Ruhe des Ichs in glücklichen Gemütern aus einer Kerngesundheit heraus gewährleistet, so sieht man schon jetzt, welch kompliziertes Gebilde das „Ich" wird, sobald alle diese Beziehungen zum Bewußten und Unbewußten klargelegt sind.

Für diese Studie muß nur immer zuvor festgehalten werden, daß die alleinige vorläufige Aufgabe war, gleichsam die Geburtsstätte des „Ichs" im Morgenland des Menschentums aufzufinden und seine primitivsten Betätigungen darzustellen. Wenn diese Ausführungen überhaupt einen begreiflichen Sinn haben sollen, so muß man stets daran festhalten, daß, wie das Narkose-Experiment hunderttausendmal bewiesen hat, das Ich in einer bestimmten Zone liegen muß, weil es örtlichzonisch durch die Hemmung ausgelöscht werden kann; es muß vorher eben in der naturbestimmten Funktion bestimmter Zellgruppen fixiert gewesen sein. Unser Erkenntnisfortschritt liegt, wie ich hoffen darf, in der Annahme, daß solches Zonen- und Gruppenaufleuchten, oder sagen wir, solche Erregungskomplexe, Strombetten, oder wie man das mit andern Vergleichen umschreiben will, von andern Teilen der am Ich unbeteiligten Allgemeinmasse der Ganglien beobachtet, bemerkt, betrachtet, wahrgenommen werden kann, genau, als wenn es ein Objekt, ein außen vor mir stehender Reizgegenstand wäre. Der Innenvorgang einer sogenannten Introspektion oder Innenwahrnehmung (auch des Ichs) ist also funktionell genau dasselbe, als ob das Objekt außen vorhanden wäre. Das Mysterium des Erkennens eines Gegenstandes ist kein andres als das rätselhafte Gefühl davon, daß ich „Ich" bin, weil eben die „Ichzone" dem Ganglienspiegel betrachtbar ist, wie ein Gegenstand im Innern! Diese sekundäre Betrachtungsgruppe, das glühende Stromband, die erhellte, blitzende Ganglienbatterie kann nun wieder in Tausende von Stromleitungen übergeführt werden durch die Bendasche Muskelaktion und weiter gefühls- und erfahrungsgemäß betastet werden. Diese Empfindung von dem, was wir da innen beobachten, wie außen im Reich der Welt, umdeuten wir mit Worten, so daß also sprachlich der „Ich"-Ausdruck das Wort „Ich" von einem Allgemeingefühl sagen soll: „es gleitet da immer etwas Leuchtendes am ganzen Firmament meiner Seele"* — genau so wie das Wort „Blitz" dem Nachbarn bedeuten soll, es fährt da ein leuchtendes Zickzack durch die Luft. Aber meine Erlebnisse, meine Träume (der gewaltige Fritz Mauthner sagt es) wären nichts, als mein einziges ewig „unenthülltes" Eigentum, wenn nicht die Sprache versuchen würde, es den Genossen zu künden, was in mir vorging. Darauf wurzelt eben die Künstlerschaft des Wortes, an

* Es „icht" da das Licht.

der alle Nationen, alle Einzelindividuen beteiligt sind, Erlebnisse dem andern so treu wie eigen Gefühltes durch das Symbol der Sprache mitzuteilen. Oh, welche Wunderwelt des Umsatzes des dumpfen Gefühls in allgemeingültige Laute ist das Reich der Sprache! Wie fußt alle Logik, alle Philosophie auf dieser Sehnsucht! Nur Musik, nur Malerei, Architektur und beinahe die Ästhetik der Mathematik ist losgelöst vom Kehlkopfslaut, vom Bund der Atmung mit den Brandungen der Konsonanten. Wir können nichts andres tun, als daß wir das Empfundene, das im Hirn unter Dach und Fach Gebrachte (daher das „Gedachte"), das für wahr Genommene (vor der Wahr = der Prüfung durch die Wage) mit den Sprachsymbolen möglichst charakteristisch umzuprägen, einen Bewegungsvorgang von außen nach innen, auch von innen nach außen zurückzuproduzieren als eine prismatische Brechung durch Hunderte von Millionen kleiner Ganglien. Das Resultat ist Handlung oder Wort, wie schon ausgeführt. So ist die Sprache als ein Bedürfnis der Mitteilung beim Menschen entstanden; bei Tieren mögen andre Mechanismen, die wir noch nicht kennen, etwa unsichtbare Wellen des Lichts und eine Art Strahlungstelegraphie in Frage und Einübung gekommen sein*. Ich sehe nicht weiter, als daß es

---

* Das beweist der Taubenflug, der Zug der Wildgänse mit seinen Blitzkommandos der Führerflieger: Es ist ein Kommando irgendwie, auf das die ganze Schar gleichzeitig einschwenkt.

genügen muß, zu versuchen, dem ausgesprochenen Worte möglichst viel Sinn beizulegen, selbst auf die Gefahr hin, zu erweisen, daß manche unsrer Begriffe überhaupt gar keinen Sinn haben, was ich bei der Geistigkeit der gesamten Natur nicht glaube, daß es irgend etwas völlig Sinnloses in der Welt gibt. Dafür in den Nebeln unserer Erkenntnis gewiß um so mehr Irrtum! Dafür sind wir eben Menschen, d. h. Wesen, die auf Umwegen nur zur Höhe einer vollendeten Geistigkeit emporsteigen. — Das Ich ist aber die zwischen kosmischem Dasein und irdischem Hiersein eingespannte Empfängerzone des Hirnmechanismus!

---

wie eine Kompanie Soldaten auf einen Zuruf. Ein Hund, der einen wedelnd anglotzt und scharf fixiert, scheint zu fragen, warum verstehst du die meinen Brüdern so geläufigen Depeschen meiner Schädelplatte nicht?

INDIVIDUUM UND PERSÖNLICHKEIT

Ein fast noch größeres Geheimnisals das Ich umschwebt das Rätsel des Individuellen, d. h. der täglich durch Augenschein immer von neuem wirkenden, verblüffenden Erkenntnis, daß es eine Illusion, eine phantastische Lüge, eine derbe Vorspiegelung falscher Tatsachen zu sein scheint, wenn wir in der leidigen Mathematikstunde lernen mußten: a ist gleich a, oder: „Wenn zwei Dinge einem dritten gleichen, so sind sie auch untereinander gleich." Ja, wo in aller Welt sind denn diese drei gleichen Dinge unter Sternen, unter den Äpfeln, Bäumen, Blättern, Blüten, dem Milliardengekribbel und -gewimmel kleinster Tiere? Etwa unter den Menschen? Keiner sah noch völlig Gleiches, nur Ähnliches! Ist doch das Spiegelbild nicht mehr völlig gleich dem Beschauer, rechts und links sind optisch vertauscht, statt Form und Tiefe nur Fläche usw. Man sagt wohl „erstaunliche Ähnlichkeit", wie „aus dem Gesicht geschnitten" gliche eins dem andern; aber selbst die ähnlichsten kleinen Zwillinge haben noch Varianten genug, so daß sie sich mit blauem oder rötlichem Seidenbande nicht brauchten ihre Hälschen umwinden zu lassen, damit man eins vom andern unterscheide. Je mehr sie aus ihrer Kindheitsform heranwachsen zu kleinen Sonderwesen, desto mehr „individualisiert" sich die Form, und schließlich wird alles an ihnen „ganz anders".

Erst große Übung im Formanschauen läßt scheinbare geringe individuelle Unterschiede als vollgültige Unterscheidungen gelten. Für uns Europäer sehen alle Chinesen gleich aus, einer wie der andre, namentlich in gleicher Tracht, und es gehört sehr viel Übung dazu, den einzelnen Lu-ten Togi von Fu-chen-Ho persönlich abzusondern, was den Detektivbeamten und Kriminalisten große Schwierigkeiten bereitet. Übrigens revanchieren sich die Chinesen und Japaner auch: wir sind für sie alle über einen (für sie verächtlichen) Leisten gearbeitet. Wer in einer geburtshilflichen Klinik tätig gewesen ist, weiß, daß man es erst lernen muß, die kleinen, sich alle ähnlich sehenden Eintagswesen voneinander zu unterscheiden, und daß gewiß unverantwortliche Unterschiebungsversuche gelingen können, wenn auch freilich die jungen Mütter beim ersten Anblick ihrer Lieblinge so intensiv mit dem Herzen sehen, daß sie Tausende unverwischlicher Merkmale blitzartig in sich aufnehmen. Wenn also nichts im Leben, nicht ein Tröpfchen, nicht ein Sandkorn, völlig dem andern gleichen darf nach einer geheimnisvollen Bestimmung der Weltordnung, so können wir doch wenigstens die Basis der Ähnlichkeit, der Verwandtschaft, der Annäherung erkennen, gewissermaßen das geistige Gefüge, das Skelett, die Rotationsachse, den inneren Rhythmus, den Typus ähnlicher Dinge konstatieren, welche für alles Lebendige an die rhythmischen Schleifen des Zellkerninhalts, die Chromosomen gebunden sind.

Es ist eine grandiose Variationslust in der Natur am Werke gewesen und waltet immer weiter. Ein höchstes Künstlertum tritt in Erscheinung, ein artistischer Geist von beinahe unersättlicher Lust am Versuchen, Verwerfen, Umbiegen, Abändern, Bessermachen, Schönerwerdenlassen. Wenn meine enge Heimat Pommern allein zehntausend Arten Schmetterlinge aufweist, wenn die Knochenlehre 1200 Mechanismen der Gelenkverbindungen bisher (!) konstatieren konnte, wenn jedes Lebewesen zur Decke seines Hauttrikots eine andre Nuance eines Wachses erhalten hat, was eine Million chemischer Individualitäten bedeuten dürfte, wenn das Flug- und Tauchproblem in der Natur in tausend Möglichkeiten variiert wurde, so kann man wohl sagen: Hier ist ein großer Bastler am Werke, ein rastlos Spielender, ein vielleicht immer wieder über das Unerreichte wehmütig Lächelnder, wie es eben nur die größte Künstlerseele als ein Fluch der Unerfüllbarkeiten empfinden kann. Wie müht sich hier eine nimmermüde Schöpferhand um ganz handgreifliche Probleme durch tausend Zwischenstufen; muß nicht von kleinsten blauen Flügelfleckchen mit Silber, Gold und Alabaster gespart werden, bis es hoch gesteigert ist zu dem Glanz und der Schönheit der silberblauen Riesenschmetterlinge von Brasilien? Wie werden da Federchen in tausend Tinten gestippt und Farbenauftrag in feinsten schillernden Linien geübt und durchstudiert, bis es fertig ist: das einzige, das himmlische Pfauenauge, an dessen einem Rade viele Speichen stecken, Palmwedel, die schöner sind von Lichtglut als alle Blumen der Erde! Aber kein Fleckchen gleicht dem andern, kein Pfauenauge gibt es genau so wie es erschaffen noch ein zweites Mal auf Erden! Nicht genug an diesen Hunderttausenden von Arten kleinster Flatterer der Luft, hat nicht noch jede Art ihre Millionen Einzelexemplare, von denen jedes zwar das Programm, den Typus, den Urplan erfüllt, aber trotzdem in irgend etwas unmerklich abweicht? Wir zählen dabei gar nicht die Fehler, den Ausfall, die Hemmungsbildungen und atypischen Mißratenheiten; es ist eine Variationsorgie, an deren Vorstellbarkeit die Phantasie ebenso verzweifeln muß, wie am Ausdenken unendlicher Zahlenketten und Raumausdehnungen. Hier steckt das Geheimnis einer unermüdlichen Versuchsreihe von vielstrahligsten Mechanismen zwecks Hochsteigerung des schon Erreichten!

Was ist dagegen menschliche, künstlerische Variationsfähigkeit, und sei ein Bach mit einem Beethoven gemeinsam bei einem Thema. Das ist es — alle diese ungeheure Variationstätigkeit der Natur hält sich überall an eine freilich unbegrenzte Zahl von Themen, aber sie bleibt auf dem einmal ergriffenen Abriß nicht bestehen. „Wer kann das Gesetz der Individualisierung verstehen, der hat Gott in die Karten gesehen!" Es hat nun immer die jetzt etwas wankende Theorie Darwins vom Aufstieg der Arten eine Lücke gehabt: das Fehlen der Entwicklungszwischenglieder, welche doch vom großen Konstrukteur der Formen als verworfene oder brückenbauende Versuchsobjekte zu Milliarden aufweisbar sein müßten im Schutt seiner alten Künstlerwerkstatt, der Welt, wenn die Entwicklung in dieser Art stattgefunden hätte. Es scheint vielmehr, als habe sich der Geist der Welten eine Unzahl von Einzelplänen angefertigt und mit einer ebenso erstaunlich variablen Grundform seiner Bausteine vom Elektron bis zur Zelle in jedem Einzelfalle die eingesponnene Idee mit dem Auftrag freigegeben: „Nun siehe zu, du Zellhäufchen, wie du zur Ameise, du zum Riesenelefanten und du, besonders Unglückliche, zum Menschen gelangst!" Er mußte dann millionenfach Hemmungen fortnehmen, wie ein sorgender Hausvater seinem Kindchen Steine vom Hof entfernt, und in all die von ihm bewilligte Freiheit von der Hemmung stürmte das drängende, nach innewohnendem Plane dem höchsten Ziel entgegenrasende Lebematerial hinein und immer höher. Daher scheitert die Mathematik am Individuellen. Sie umfaßt nur den Typus. Das enthält den Beweis, daß nicht der Zufall Herrscher der Welt gewesen sein kann, auch nicht die Naturgesetze, welche nicht Individualitäten, sondern lauter gleichartige Automatien geliefert haben müßten. Man kann sich wohl ein Bild machen, wenigstens woher diese ungeheure Variationsfähigkeit des von Gott, dem Bastler der himmlischen Werkstätte, verwendeten Materials herkommt, wenn man bedenkt, daß es beim kleinsten Lebewesen selbst sich immer um viele hundert Milliarden von Elementen handelt*, bei denen ein paar Tausende mehr oder weniger schon so etwas wie ein Herausleuchten von einer Individualität bedeutet, und daß aus einem solch minimalen, rein zahlenmäßigen Zellausfall von Einzelgruppen ein um so entscheidender Faktor für eine zukünftige Formentwicklung werden kann, je mehr der Ausfall rückwärts, nahe am Ursprung des neuen Keimes der Entwicklung gelegen ist, weil dadurch Richtungslinien aller Art variiert werden können. Aber das kann nicht helfen, vom Zauber der Individualität befreien uns bisher keine mechanischen Gedanken, denn auch der Einzeller ist ein individuelles Wesen**, obwohl wir vom Individuum doch lieber da sprechen, wo es sich um vielzellige Gebilde handelt und möglichst, wenn auch mit Unrecht da, wo dieses Individuum etwas wie ein „Ich", eine geistige Einheit, repräsentiert. Vom

* Man zählte mit dem Ultramikroskop 227 000 Milliarden von Molekülen für eine Zelle!

** Die einzelne Zelle trägt sogar die Möglichkeit in sich, aus sich heraus bei der Zeugungsregeneration zwei Individuen hervorzugruppieren. Das kann nur von der Konstanz der Zellschleifen der Nukleinsubstanz, die gleichsam die Handschrift, den Ziegeldruck, das Petschaftsrelief der Individualität bedeuten, abgeleitet werden. Ich habe dies in meinen Vorträgen über das „Bewußtsein und die Unsterblichkeit" (Deutsche Verlagsanstalt, Stuttgart) ausführlich begründet.

Individuum eines Baumes, eines Tieres, einer Blüte denken wir schon etwas kopfschüttelnd oder dichterisch träumend. Das ist aber angesichts der Tatsache, daß auch jedes Goldpartikelchen, jedes Eisenteilchen, jedes Stahl- oder Glasbröckelchen eine beinahe persönliche Note hat, nicht recht angängig. Der Begriff des Unteilbaren stammt von der Chemie; wo eine Substanz nicht weiter teilbar gedacht werden konnte, da nannte man sie mit dem Worte Atom (griechisch) auf Lateinisch Individuum, während Virchow das Wesen ein Individuum nannte, das nicht geteilt werden darf, ohne seinen Begriff von Einheit einzubüßen! (Wie dogmatisch, dieses „Darf nicht".) Das Individuum ist in diesem Sinne also ein Lehnswort, weil es einen von der chemischen Wissenschaft in die Geisteswissenschaften übernommenen Begriff darstellt. Jedenfalls ist das Individuelle ein so variationsreiches Gebiet, daß wir hier sogar die Mathematik, diese hochthronende Berechnerin aller Möglichkeiten, versagen sehen. Denn, zieht sie nicht die Individualität z. B. eines Baustoffes, des Eisens bei der mathematischen Konstruktion einer Brücke zu Rate, was nur unter Benutzung der Empirie, d. h. der erfahrungsgemäßen Belastungsmöglichkeit eines gebrauchten Materials geschehen kann, so knickt ein nur mathematisch konstruiertes Gewölbe sicherlich zusammen. Immer muß die Belastungsprobe, eine Probefahrt, ein Probeflug statthaben, ehe man sich über die tückische

Individualität des Grundstoffes beruhigen kann. Jedes Ding auf Erden ist eben zugleich dasselbe und auch ein anderes, ein einziges, aber nicht alleiniges zugleich, es gleicht darin dem Augenblick, der auch ein scheinbar sich Wiederholendes, doch Unwiederbringliches, Einmaliges darstellt. Legen wir zwei oder mehrere Stückchen Gold zerbrochen, unbearbeitet nebeneinander, sie mögen gleich viel wiegen, obwohl sie das im letzten Sinne gar nicht können, weil unsere Wagen ebenfalls am Maß des Individuellen versagen, sie sind doch wieder verschieden in Bruchlinie, Farbennuance, Glanz, Form und Linie, eben immer durch etwas für sich Bestehendes. Ein lehrhaftes Beispiel, daß ein paar Urteilchen mehr oder weniger der Grund einiger Individualitäten sein können, ebenso im Unorganischen wie oben angedeutet im Organischen; denn Bruchlinie, Farbe, Glanz sind alles Folgen der Vielfaltigkeit der Oberflächenform, in welchen sich das Licht besonders in jedem Falle bricht und abgelenkt wird. Wie viel mehr aber spukt dieser Begriff des rätselhaften Variationstriebes im Organischen, im Blatt, in der Frucht, ja in Einzelzellen, in der Alge, in dem Bakterium! Denn, daß auch eine Bakterienzelle irgendeiner Art eine spezifische Form zwar, aber eine besondere Form der Erscheinung haben muß, lehrt uns das Mikroskop und jede Methode, die uns gestattet, zu erkennen, daß in einem Wesen von hunderttausendsten Teilen eines Millimeters doch noch Organisationen im Nukleinkern stecken von unbegreifbarer Kompliziertheit. Ist doch das ultramikroskopische Bestandteilchen irgendeines Metalles wiederum hunderttausendmal kleiner als ein Bakterium, das sich gegen ein Goldatom verhält wie ein Erdball gegen einen Menschen. Es ist also alles Individuelle die Folge eines unvernichtbaren Spieltriebes der Natur, nicht aus Nutzen und Gewinn, sondern, wie wir hoffen dürfen, aus einer Sehnsucht nach Verbesserung und Vollendung!

Die letzte organisch erkennbare Einheit, der Sitz der letzten Individualität im Organischen, ist nach Virchow-Schleiden-Schwann die Zelle. Ja, Virchow spricht sogar jeder Zelle ihre kleine Seele, eine Anima zu, d. h. doch wohl so etwas wie eine Art Zielstrebigkeit im Rhythmus des Ganzen, eine das Ganze fördernde kleinorganische Automatie, wenn auch ohne Bewußtsein im Menschensinne. Die Zelle eines jeden Organismus hat wenigstens in ihren Regenerationszellen, d. h. in den kleinen Märchenträgern vom schlafenden Dornröschen, das der Ritterkuß weckt, etwas ungemein ihr Eigentümliches, ihrer Art Zugehöriges, so daß man aus der Anordnung ihrer Teilungsrhythmen (Chromosomen), ihren gefärbten Ätherwirbeln, unter dem Mikroskop erkennen kann, ob dieses oder jenes befruchtete Eichen einem Ichneumon, einem Eichbaum, einem Elefanten oder gar dem Menschen zugehört und, entwickelt, zu ihm führen müßte. Ein höchster Triumph vom Gedanken der einmalig in der Erscheinung verbundenen Konstanz des Typus mit der Variationslust am Individuum! So charakteristisch ist das Gefüge der inneren Rhythmen aller Wesen, daß sie gleichsam das ganze Vollwesen wie eingerollt zu einer Zauberspirale, zu einem Wunderknäuel, einem Filmband in sich bergen, nach dem Gesetz des zugrunde liegenden Typus und mit dem Siegel der Eigenart noch dazu, dem des Individuellen. In jedem Zellkerne, in der Handschrift, dem Alphabet der strudelnden Kernmasse ist eben ein Typus und eine Neuformung, eine Melodie und eine Variation, ein Thema und eine Abweichung. Alles ist zugleich generell und individuell. Wie? Kann nun die Summe aller dieser Einzelwesen zum Beispiel aller Zellchromosome, der Teilseelchen, die Summe einer geschlossenen Individualität ausmachen? Ja und nein! zu gleicher Zeit, in ungleicher Weise. Aus ungezählten Einheiten, aus tausend Teilchen in der Hand entsteht eben erst durch das geistige Band etwas wie ein Individuum. Welch eine Sprachverwirrung! Aus lauter Teilbarkeiten eine Einheit! Wir haben aber gesehen, daß diese Summenwirkung von kleinen Elementen nicht eine konstante Wirklichkeit der Einheit schafft, sondern, daß diese Einheit nur eine schwebende Funktion ist, ein Allgemeingefühl eines Strudels von Einzelwellen im Zellkern, die nicht nur der gegebene Körper schafft, sondern die auch von der Außenwelt dauernd mit Strömen der Erlebnisse gespeist werden*.

* Das Individuum wird geistig die Anderen offenbare Einheit des „Ichs". Das Individuum ist die durch das Ichgefühl zusammengehaltene Einheit aller auf den Organismus wirkenden Animae innen und der beseelten Welt von außen, welche anderen Individuen beobachtbar wird. Ihre Steigerung, ihre außerordentliche Prägung ist die Persönlichkeit. Die Spannkräfte der inneren Zellrhythmen sind seelisch (animae). Die von außen aber sind auch seelisch. Es findet kein Wunder statt, an der Stelle wenigstens, wo scheinbar der materielle Reiz seelisch wird, er war schon seelisch. Seele liest da Seelisches ab. Dubois mit einem der sieben Wunder, dem Kardinalwunder, ist widerlegbar. Lichtfelder, elektrische Felder, alles ist Gespenstererscheinung. Die Materie ist immateriell. Das ist das gelöste Empfindungsproblem. Tausend Geistigkeiten in allem. Wie das Auge sonnenhaft sein muß, um die Sonne sehen zu können, so ist jeder organisierte Stoff geistig, um die Geistigkeit der Natur abzulesen. Der Wert der Persönlichkeit nun richtet sich nach seinem künstlerischen Einschlag, wie ja nur der den Schöpfergedanken Begreifende eine Persönlichkeit ist, mit der Schönheit, der Würde, dem Zauber eines Idealmenschen. Es ist das Einheitsgefühl mit dem innen empfundenen Gesetze des Rhythmus vom All, welches dem hervorragenden Menschen die Weihe, den Auftrag gibt, im Namen des Allmächtigen zu wirken. Es ist seine Tragik, wenn er sich hier vergreift. Alle wahrhaft Bedeutenden sind so einzig durch die unbeugsame Aufrechterhaltung einer begriffenen Bestimmung. Individuum ist nur die Möglichkeit zur „Persönlichkeit", wie das Ich, „d. h. die Zusammenfassung aller Augenblicksreize", die Möglichkeit zum bewußten Individuum bedeutet. Das Ich ist das primäre Innengefühl, das Individuum ist auch das objektive Ich für andere, seine Persönlichkeit das Bewußtwerden des ethischen Zieles seiner Individualität für sich und für andere. Ethik ist die Selbstfrage: Wie stehe ich als einzelner zum Gesamtwillen, zum Ätherwillen, zum Rhythmus der Welt? Dann ist Charakter die Erhaltung dieses ethischen „Ichs" in der Welt, das stetige Handeln nach einem Mandate des Gesamtwillens um jeden Preis,

Sollte nun dies Ichgefühl, diese nur von geistigen Gefühlt„heiten" zusammengehaltene Einheit, nicht eine Illusion, vielleicht ein Kniff der Natur sein, um desto sicherer auf dem Umwege der gefühlten Bedeutung des „Ichs", ihrer weit über dem „Ich" liegenden Zwecke desto sicherer zu erreichen? Sollte das Individualitätsgefühl des Menschen nicht ein Mittel sein, um die Zwecke der gesamten Menschheit zu erreichen? Es ist in diesem Sinne ein hübsches Wort, daß man den Wald vor Bäumen nicht sieht, es heißt: Wir sehen auch zu viele Menschen, nehmen den einzelnen viel zu wichtig, überschätzen seine Individualität, hinter der doch der dunkle Trieb der „Menschheit" zum freilich unerkennbaren, verhüllten, nur ahnbaren Ziele treibt. Es kann sein, daß die Geschicke aller Menschen wie ihrer Leiber durch ein unsichtbares, nie erkennbares, in sich selbst verschiebbares und verstülpbares, dem Äther ähnlichem oder gleichem Grundstoff verknüpft sind, so daß alle Allgemeinaffekte wie Mitgefühl, Mitleid, Raserei, Dämonien, Enthusiasmen und

selbst um den der Selbstvernichtung! Persönlichkeit ist eine Wirkung nach außen, Charakter ist ein Einheitsgefühl mit dem Willen der Welt. Es kann täuschen, dann wird die Tragik einsetzen. Es ist schon etwas Grandioses in dem Begriff: Wille und Vorstellung des Genies Schopenhauers. Aber war sein Wille der Wille der Welt? War es nicht seine Tragik, sich hier zu verhauen? Der Wille zum Ja oder zum Nein ist entscheidend. Hier sind nur aus der Individualität heraus begreifbare Fesselungen des Weltwillens (Strindberg, Nietzsche, Weininger!) vorhanden!

Erregungen von Seele zu Seele buchstäblich sich fortpflanzen, daß schließlich der allgemeine rhythmische Vorwärtstrieb des Äthers, unter dem allein wir uns so etwas wie eines Schopenhauers „Weltwillen" denken können, sich mehr oder minder geltend macht am Rhythmus des eingestellten Einzelwillens. Da mag es denn der Natur vielmehr darauf ankommen, die Gesamtheit der Menschheit vorwärts zu bringen als den einzelnen, das ist vielleicht der Grund aller gleichzeitigen Fortschritte und ihrer scheinbaren Grausamkeit, daß sie immer die einzelnen rücksichtslos opfert, wenn es sich irgendwo um ihre unabänderlichen, generellen Pläne handelt. Vielleicht gerade um diesen Gesamtaufstieg desto sicherer zu garantieren, bedient sie sich der Methode der individuellen Rhythmisierung mit dem Resultat des Ichbewußtseins, d. h. das „Ich"-Gefühl, als abgelöst von allem sich fühlen zu dürfen, was bei näherer Betrachtung gar nicht objektiv zutrifft, da wir ja von außen wie von innen in unserem „Ich" bedingt sind, also Außenwelt und Innenwelt auf uns, in uns gemeinsam denkt. „Etwas" denkt in uns, nicht „wir". Wir sind vom Gehirn her gesehen Apparat, von der Seele her Mittel. Die Natur gab jedem seinen individuellen Erhaltungs- und Entwicklungstrieb, um aus einer Summe von Egoismen desto sicherer das außer dem Ich liegende höhere Ziel zu erreichen! Der unweigerlich dagegen sich aufbäumende Mensch, der Titan, der Prometheus lebt von einem Triebe der Vernichtung, der, wie wir zeigen werden, funktionell den Dämonien zufällt. Daß es aber auch nicht nur schlechte und böse Dämonien gibt, darauf soll hier nur kurz hingedeutet werden, mit der Tatsache, daß ja auch Vaterlandsbegeisterung, Kriegsjubel funktionell in ihrer ganzen Erscheinung den Dämonien, wenn auch den Eudämonien, zugewiesen werden müssen. Warum, soll später erst erwiesen werden! Auch das echte Genie ist eine Form dieser Eudämonie! Sei unser Individualgefühl nun Täuschung, Illusion, Halluzination von uns, oder sei es real, jedenfalls haben wir im vorigen Aufsatz festzustellen versucht, was es mit dem Ich physisch-psychologisch für eine Bewandtnis hat. Möglich, daß die Summe aller kleinen Millionen Zellseelen in ihrem Zusammenhang das bilden oder sind oder dem die Existenz verdanken, was wir „Seele" des einzelnen nennen, so direkt geschieht das jedenfalls nicht, es gibt da eine Art Zwischenschalter zwischen der Zellnatur der einzelnen Elemente, der metaphysischen Struktur dessen, was wir „Seele" nennen. Wir sahen, daß dieser Zwischenschalter das Gehirn und das ganze Nervensystem (mit dem Sympathikus) ist, die aber ohne Beihilfe des ganz von inneren Säften und Wirkungen erfüllten Hemmungsapparates, der letzten Auffaserung des Blutgefäßsystems im Gehirn gar nichts zu sagen hätte. In diesem Apparate, dem auch zugleich viele anders geartete Leistungen zugeteilt sind, spielt sich auch das Wunder des Ichs ab, als Komponente elektroider Erzitterungen durch Außen- und Innenweltreize, und da dieses Aufleuchten der inneren Sternwarte des Leibes, die ein durch Wechsellupen sich selbstbeobachtender Leuchtturm ist, so ist hier unter dem Ichgefühl zuvor nichts verstanden als diese physikalisch-elektrische Angelegenheit. Davon ist noch gar nicht die Rede gewesen, was dieses Ich nun leistet oder leidet, was seine gefühlsmäßigen oder verstandesmäßigen Spaltungen bedeuten, das bleibt alles noch zu untersuchen, wir wollen hier bis jetzt nichts weiter anrühren als das Problem, wie wir uns das Gesetz der Individualisation nach dieser Definition abgeleitet denken. Gerade die höchst komplizierte rein physiologische Entstehungsgeschichte des Ichs macht es so begreiflich, daß der Individualitäten in geistiger Beziehung so viele sein müssen. Denn Individualität ist doch schließlich der mir und anderen klar gewordene und immer von neuem konstatierbare Unterschied, den ich aufzuweisen habe; er ist ein Differenzgefühl von bemerkbaren Abweichungen, Variationen, Umkehrungen des Themas „Ich". Wenn man bedenkt, daß hier Zahl und Größe der Ganglien und ihre verschiedene Verteilung im Raume, ihr Zusammenhang mit anderen Lagern psychischen Geschehens, der Phantasie, der Logik, den Gemütsfunktionen von großer Wichtigkeit und Variabilität sind, wenn man bedenkt, daß die Hemmung der Blutgefäßanordnung gleichfalls viel Detailabänderungen im Einzelfalle möglich macht, und gar wie an der Bildung des Betriebs- oder Hemmungssaftes eine gewaltige Anzahl von Drüsen variabelster Funktionen beteiligt sind, dürfen wir uns keinen Augenblick mehr wundern, warum es soviel Variationen des Individuums gibt; denn auch sonst überall in der Natur wächst die Kombinationsreihe mit der Zahl der Elemente, und auch sonst ist das Individuum heute nicht mehr nach dem zu beurteilen, was ein falscher Vergleich und Sprachgebrauch von ihm aussagt: „Unteilbarkeit", sondern es ist seine leichte Unterscheidbarkeit von anderem, Ähnlichem im Typus, welches sein Wesen ausmacht. Das Ich selbst eben ist keine Individualität oder Unteilbarkeit in dem Sinne, daß es nicht geteilt werden „könnte" oder „dürfte" in seiner Einheit, es wird in der Tat dauernd geteilt und ist in gewissen Fällen gedoppelt resp. dämonisch vervielfältigt, abgesehen, daß zu seinem Zusammenkommen von uns am „Ich" drei durchaus variable Komponenten festgestellt werden müssen. Die Ganglienzone, die Außenwelt und die Hormone, resp. Bewegungs- und Hemmungssäfte, von deren Blutfüllung und Einwirkung wir so viele schwankende Zustände des „Ichgefühls" in Abhängigkeit sehen werden. Oder kann jemand ernstlich behaupten, sein „Ich" sei immer dasselbe? O nein! Es ist, wie der Himmel scheinbar auch immer dieselbe atmosphärische

Erdenkuppel zu sein scheint, und doch wie immer wandelbar von Sekunde zu Sekunde, wie launisch von Tag zu Tag ist er! Das innere Gefühl einer Konstanz in uns ist allerdings vorhanden: einesteils ist es eben vorgetäuscht durch die in keiner Sekunde unterbrochene Wiedererzeugung der Millionen Ichflämmchen, oder andererseits ist dieser dauernd in uns auch im Schlafe, vor der Geburt, vielleicht auch nach dem Tode noch waltende Genius, der die Wacht am Strome unseres kleinen und doch so vollen Lebens hat, eben gar nicht das „Ich", sondern die „Seele", für die wir kein menschliches Auge, keinen wenn auch noch so riesenhaft vergrößerten Fangapparat aus Glas- oder selbst Diamantlinsen haben; ihr ist jedenfalls physiologisch nicht beizukommen, sie ist überirdisch, kein Produkt des Leibes, sondern dieser Leib ist ihr Produkt mit all seinen Mechanismen, geistigen und leiblichen. Immer wieder handelt es sich darum, noch schärfer abzugrenzen, was am Leben mechanisch begreifbar ist und wie weit diese mechanische Idee vorwärts zu führen ist auch ins Gebiet geistiger Mechanismen, deren Bestand bei der heutigen Stellung der psychologischen Experimente nicht mehr angetastet werden darf.

So können wir also vom Individuum nichts anderes aussagen, als daß es die geistige Einheit in unseren Zellkernen und ihrer Summation, die andern und uns selbst gleicherweise zum Objekt gewordene Gesamtheit unseres physisch-seelischen

Bestandes, unser uns und andern erkennbares Ich ist. In diesem Satze sind drei Begriffe: Ich, Geist, Seele, die leider immer durcheinander gebraucht werden. Wir wollen an dieser Stelle noch einmal kurz festhalten, wie wir diese drei Begriffe voneinander zu sondern haben, zum Verständnis der Psychologie überhaupt, namentlich aber dieser Schrift. Seele ist ein von der Weltseele, der Allseele, der Allvernunft, von dem Schöpferprinzip, der Allidee, abgeteilter goldener Faden, dessen Weben von Anbeginn der Schöpfung als ein unsterblich Teilchen mit einem bestimmten Auftrag, einem Mandat, durch alle Vorentwicklung und alle Vorstufen hindurch, auf dem Umweg durch Feuer- und Dunstgase kreisender Sonnen und Planeten, durch tausend und aber tausend Vorstufen, Vorgebilden und Ahnen bis zur Konstruktion eines Wesens vorgedrungen ist. Diese unerkennbare, mystische, nur ahnbare Einheit ist vom Äther getragen, bedient sich dieses allmächtigen Bildungsstoffes zur Entwicklung ihrer Idee, einer einzigen von den unzähligen Abspaltungen von dem Ozean der Ideen über aller Welt und auf Erden*.

---

* Der Äther bildet Wirbel, Knotenpunkte, Verdichtungen, welche die ersten Materialisationen veranlassen: die Elektronen, Ionen und Kationen. Aus ihren Bewegungsantrieben nach Ideen entstehen die Stoffe. Sie sind von Urbeginn rhythmisierter Geist. Es gibt nichts Körperliches im letzten Sinn. Es scheint nur so, es ist alles Gespenstererscheinung, Lichtfelderwirkung, sich reibender Rhythmus, die zur Empfindung und zum sekundären Gedanken führen.

Dagegen ist Geist der von der Seele erzwungene, geschaffene, gewordene Apparat zur Betrachtung der Welt und zur Weiterwirkung in ihr. Sie bedient sich dieses langsam im Aufstieg nach vorbestimmtem Plane angeordneten Apparates, um damit das Ziel, die Höchststeigerung der Materie zur absoluten Geistigkeit, wirksam durch Individualitäten zu unterstützen. Die Menschheit ist ein Heerbann von Seelen, bestimmt, den ewigen, wirbelnden, nie ruhenden Sturm und Schrei des Äthers: Vorwärts! Hindurch! Trotzdem! aufzunehmen und unter Milliarden Opfern die unbekannten Höhen zu nehmen. Die Ätherbewegung, ihr einem Ziele fest zugeschwungener Rhythmus, sein Elektronenzittern rast unaufhörlich, unaufhaltsam in einer Richtung voran, welche auch der Wille, das Ziel, Zweck und Absicht der Welt sein muß! Der Urwille hat sich selbst Gegenrhythmen, wie zur Prüfung*, genug geschaffen durch Bildung ungeheurer Verdichtungen, Anhäufungen, Verschlingungen seiner selbst, und damit die luziferischen Massen, welche sich, obgleich seine Kinder, ihm in die Arme werfen, um ihn zu hemmen, zu erdrücken, zurückzuschleudern! Es ist ein Wettkampf zwischen Gott und Teufel,

---

* Gleichwie ein ehrlicher Denker die Zweifel an seinen Ideen sich selbst ersinnen muß. Darum konnte eben ein Gerüsteter, wie Luther, so sicher stehen auf dem Reichstag zu Worms, weil er alle Einwände zuvor in sich selbst, gleich als ein Teufel gegen einen Gott, vorher überlegt hatte. Das ist die Psychologie des Märtyrers.

die Arena ist die Menschenbrust! Wir müssen Gott beistehen zu seinem Siege. Er fleht zu uns! Er begnadet uns, ihm Mitleid zu schenken!

Doch zurück von Träumen, hier handelt es sich nur darum, die plastische Idee des allgemeinen rhythmischen, auch im Organischen kristallisierten Kräftebetriebes zu betonen, der nachweislich ist. Alles ist nach Ideen konstruiert, alles steckt voll Geist! Und ein Apparat, bestimmt, das Geistige in der Welt zu erfassen bis zum Einblick in sich selbst, solch ein Apparat ist der Menschengeist!

An ihm spielt sich ab, was Universalgeist ist, die ganze bunte Schöpfung des Spiritus creator wird seine Szene. Der konstruierte Spiegel sieht den ewigen und wird einst von Angesicht zu Angesicht sehen, wie es möglich war, daß ewiges Licht ewige Spiegel bereiten konnte.

In diesem Apparate also ist eine Zone, welche durch nüchtern beschriebene Mechanismen zu einer Aktion gelangt, die wir die Ichfunktion genannt haben, ein wechselndes Spiel von leuchtenden Springbrunnen und Glutenbächen, das wir uns fest einprägen wollen. Wichtig ist nur für unsere Auffassung, daß dieses Flammenband des Ichs, dieses glühende Skieron (Band bunter Schatten, Regenbogen) in uns den übrigen auf Reize lauernden Werkstätten unseres geistigen Apparates zu einem Gruppenbild, zu einer leuchtenden Physiognomie, zu einem inneren Gesichte wird, das für sich beobachtbar wird, und aus dessen Werkstatt sich Aufträge genug ergeben, wie wir des weiteren sehen werden.

Diese drei also, Seele, Geist und Ich, machen psychologisch ein Individuum aus. Auch hier also wieder keine Unteilbarkeit, indem es aus der Einheit durch die uns kettende Seele, Geist und Ich in unzählige Einzelfunktionen zerfällt. Wir können als vierten Bestandteil unsere Körperbeschaffenheit hier ruhig beiseite lassen, als gleichfalls von der Seele gebaut und bewacht; für unsere psychologischen Betrachtungen kommt sie nicht in Betracht: es wäre Sache einer von Psychologie durchtränkten Anatomie und Physiologie, die Bildnerhand der Seele und die Wirksamkeit ihrer plastischen Ideen am Körper nachzuweisen! Überall, wo das geschieht, wie bei einem Meister, z. B. dem Anatomen Hyrtl, dem Botaniker und Anatomen Reinke, ja manchmal bei ihrem Gegner Haeckel an kleinster Stelle — da erkennen wir eine volle Künstlerpersönlichkeit! Diese anatomische Analyse der seelischen Struktur der Gewebe gehört einer ferneren Zukunft an. Wir wollen nur festlegen, daß natürlich auch der Leib eine Komponente der Individualität ist, aber daß eben darum der konfuse Begriff des Individuums noch absurder wird, wenn von seiner scheinbaren Unteilbarkeit noch einmal ein ungeheures, vielspaltiges Gebiet abfällt.

Und nun einen Schritt weiter! Zu den vielstrahligen Formen des Ichs, die diesen Funktionsbegriff umflattern wie irisierende Strahlen, wie Wogenringe mit Regenbogenfarben, zu der Frage: Was ist nun gegenüber der Individualität die Persönlichkeit?

Ist etwa jedes menschliche Individuum eine Persönlichkeit? Ist gar jede Person eine Persönlichkeit*? Wo fängt im Staate die Persönlichkeit an? Wo hört sie auf? Ist sie ein juristischer, ein philosophischer, ein naturwissenschaftlicher Begriff? Zunächst — was soll uns der Name sagen? Er stammt von einem fremden Volke, den Römern oder den Griechen, und wir wollen einmal hier eine Stichprobe anstellen auf die Stichhaltigkeit einer meiner liebsten Vorstellungen, ob es wohl richtig sein kann, daß der Mensch sich Namen bildet nach inneren physiologischen Geschehnissen an seinem Hirnapparat, auf einem Wege, der jener naturnachempfindenden Stammelei von gegebenen Geräuschen nicht so ferne steht, wonach wir Donner, der Franzose tonnère, wir Blitz, jener éclair sagt, wie man es bei so hochentwickelten Begriffen kaum glauben sollte? Es läßt sich gewiß bei vielen Worten solch Zusammenhang nachweisen, und es ist vielleicht die Sprache immer noch am Werke, von solchen Ur-Innen-Geräuschen auszugehen und mit ihrer Hilfe am Bau der Sprache zu modellieren. Nun hören wir Meister Mauthner erzählen, daß das Wort Person

---

* Zumal wenn man Schimpfwortsinn in den Begriff: „solche Person" legt?

vielleicht abstammt von dem, qui per se sonat, von dem, der mit einer Maske sprach, d. h. von einem Schauspielerbegriff. Das wäre ungefähr so, wie wenn wir im Deutschen zu einer überragenden, hervorragenden Individualität aus Bildentlehnung immer „Turmbläser" in übertragenem Sinne sagen müßten. Wir haben aber kein eigenes Wort für den majestätischen Begriff „Persönlichkeit" ersonnen, sondern den Begriff, ganz gleich, woher er stammt, übernommen, entlehnt; es ist ein Lehnwort, wie der Fachausdruck heißt. Nun, Mauthner, dessen Seele auf Sprachfeinheiten reagiert wie Lackmuspapier auf Laugen oder Säuren, gefällt diese Ableitung nicht recht, er neigt zu der Ansicht, daß „Persona" schon eine andere, ältere Entlehnung aus dem Griechischen ist und eine Verstümmelung von πρόςωπον andeutet. Prosopon heißt Gesicht, vielleicht auch Schauspielermaske, daraus sei die „Person" geworden; obwohl mir wegen des Lautsymbols die Ableitung von Sonare, feierlich dröhnen, sprechen wie Drommetenton, besser behagen würde zuliebe meiner Theorie, kann ich mich Mauthners Auseinandersetzungen über solche Punkte, wegen ihrer Meisterschaft, schwer entziehen. In jedes Gebildeten Haus müßte diese Quelle von Genuß und Belehrung vorhanden sein, um einzusehen, welch einen Reichtum dieser Tiefdenker dem deutschen Volke mit seinem Werk „Wörterbuch der Philosophie" dargebracht hat. — Genug, es ist auffällig, daß wir Deutsche keinen Begriff für so etwas wie Individuum mit der Steigerung zur Persönlichkeit besitzen, obwohl seit Goethe dieses Wort uns ja ganz gut deutsch klingt, es gehört zu den Barbarismen, welche man als völlig akklimatisierte Schmelzworte, als Amalgame, Mischworte bezeichnen könnte. Aber doch — sagt Mauthner — hat die deutsche Sprache im Mittelalter einmal einen Anlauf genommen, selbst ein Wort zu dichten — denn Sprache ist Dichtung, angenommene Volksworte sind wie Volkslieder ewig und unausrottbar — und zwar das Wort die „Heit", welches jetzt nur noch als Begriffssummenfaktor und oft verkehrt in „keit" den Worten hinten angesetzt wird und dann ihnen unweigerlich das Reale, Adjektivische nimmt und zu Phantasiekonstruktion erhebt. Die Hoh„heit", die Frei„heit", die Rein„heit". Alle drei Male wird meiner Ansicht nach durch Anfügung eines realen Netzzuges das sinnlich Wahrnehmbare in ein gedachtes, ersonnenes Idealfahrwasser eingetaucht. Das Reale bekommt seine Idealtünche. Ebenso mit „keit"; Fröhlich„keit", Lustig„keit", Winzig„keit", obwohl hier eine feine Nuance durch das „k" schon andere nicht mehr rein tastbare Begriffe, sondern schon Empfundenheiten in einen Dauerzustand als innere Begriffe gesetzt werden. Ja, so sehen die kleinen Heinzelmänner-Schmiedemeister im großen Zentralwerk des Gehirns aus. Da kommen die wilden Pferdchen der reinen, nur empfindenden Natur hineingaloppiert vom linken Hirn in die Glaskammern der abgebogenen Geistigkeit und erhalten ihre Marke, ihren Beschlag, ihren Huf mit „keit" und „heit" und „sein" und „schein", mit „nis" und „lich" und „ig", lauter kleinen Anhängseln, die die armen erdgewohnten Füllen nun sofort zu Luftwesen, einer Spezies Pegasus werden lassen, die natürlich im Galopp in das Luftreich losrasen und nur schwer wieder in die festen Ställe der „Kategorien" einzufangen sind. Was hat das dem armen Kant für Mühe gemacht, diese Jagd auf abgestempelten, behuften, maskierten Pferden! Goethe hat sie einfach laufen lassen und nur hier und da eins ergriffen und mit Blumen umwunden. Aber die Kantsche Dressur führte zur hohen Schule! Ja, das ist ganz etwas anderes!

Aber Scherz beiseite! Es ist so! Im Bereich der realen Wahrnehmung werden die naturgegebenen Eindrücke wie Rohmetalle geschmolzen, gereinigt, und im Reiche der Abstraktion erhalten sie möglichst allgemeingültige Prägung, wobei natürlich der leidige Münzkampf mit seiner Valuta von Gold und gestempeltem Schein nicht ausbleibt.

So soll also einmal von einem deutschen Mann das Wort „Heit" als Substantivum mit dem Sinne einer besonderen Verfassung, eines Zustandes, eines Charakteristikums im Mittelalter eingeführt worden sein. Ein Bach war von schöner „Heit", der verlorene Sohn konnte in solcher „Heit" nicht vor den Vater treten, Christus hatte drei „Heiten" (zitiert nach Mauthner). Es spielt also meiner Meinung nach hier der Begriff des Augenscheins einer Wesen„heit" mit hinein, und ich möchte doch Mauthner recht geben, daß er darum vielleicht die Ableitung des Personbegriffs von Prosopon (Antlitz) vorzieht. Dann wäre in beiden Sprachgefühlen zwischen Griechen und uns doch eine psychologische Parallele, der des Antlitzes; bei uns und dort ein „Augenschein", und es ist überwältigend, daß wir den griechischen Gedanken ja völlig ähnlich empfinden, wenn wir sagen präpositional: angesichts der oder jener Tatsache. „Angesichts" gleich wie „in Anbetracht", „in Anschauung"! Da haben wir ja das Antlitz, die Maske in schönster Form. Ich bin einmal etwas näher auf diese Art Sprachbildung bei der Entwicklung des Begriffes Persönlichkeit eingegangen, nicht nur, was Zweck genug wäre, um einmal Mauthner, meinem tief verehrten Lehrer, einen innigen Dank abzustatten. Mauthner ist ein Mensch von einer Lehrkraft wie Kant, und ich möchte ebensowenig Arzt ohne Digitalis und Morphium sein, wie Philosoph ohne Kant und Mauthner. Beide waren für mich Erlöser, der vom Zweifel des Gedankens, dieser vom Wahn und der Tyrannei des Wortes. Die Welt enthüllt uns nur sprungweise, brockenweise ihre großen bleibenden Gedanken. Wäre doch ein Mauthner, der Sprachkritiker, der Farbenkundige, vor Kant, dem Farbenschöpfer, dagewesen! Nun ist das Gemälde da, aber die Farben springen, reißen, verwischen sich wie die platzenden Fresken Lionardos. Wie vieles hätte ein Kant klarer, dauerhafter dargestellt mit Hilfe Mauthners Kenntnis vom Geheimnis des Wortes und seines Mißbrauches! Es war die höchste Zeit, daß ein Mauthner erstand, um die ungeheure Konfusion in den Begriffen und den Fetischismus der Worte zu entlarven*! Ich diene ihm gern, — weil ich fühle, meine Methode der Gehirnanalyse kann viel dazu tun, Klärung zu schaffen. Es muß eine Zeit kommen, in der es ein leichtes sein wird, auch die höchsten Gedankengänge auf einen physiologischen Vorgang im Gehirn zurückzuführen. Falls man diese Anordnung im Gehirn unter der Oberherrschaft der Seele fest durchdenkt, kann man niemand mit Gespensterfurcht des Materialismus vor mir und meinen Bestrebungen warnen, obwohl es mir unbegreiflicherweise auch Jesuiten übelgenommen haben, daß ich den Nachweis versuchte, in der Methode ihres Heiligen Ignatius etwas unglaublich Brauchbares an Heil-Mechanismen aufdecken zu können. Als wenn nicht die Entdeckung jeden Kunstwerkes in der Natur, jeder tief geistigen Struktur ein Dankgebet des Erkennendürfens, eine Seligkeit des Anschauens hervorrufen müßte!

---

* Einen ähnlich bahnbrechenden Einfluß hat Vaihinger für die wissenschaftlichen Illusionen in seiner „Philosophie des Als ob", einem der tiefsten Bücher deutscher Literatur, geleistet.

Es sind eben die Persönlichkeiten — jawohl, bei diesem Thema sind wir ja. Wir wollen ja eben sagen, was solche Menschen sind, die eben wie Mauthner, Kant, Vaihinger, Ignatius, so herausragen aus dem gewohnten Massenkreis der Individuen, was denn eigentlich in dem Ameisenherd von lauter Einzelwesen diesen und jenen zur Persönlichkeit macht, wie Platon, Aristoteles, Lionardo, Goethe, Bach, Beethoven, d. h. zu einem Menschen mit ganz besonderem Angesicht und Wesen? Ist es eine rein körperliche Schönheit, ist es eine besondere Grazie, welche ja eine im Fluß und in Bewegung schmelzende Schönheit bedeutet? Gewiß auch das! Ist es eine Abweichung? Kann ein Buckel, eine Warze zur Persönlichkeit stempeln? Ganz gewiß nicht!

Was ist es also, das den einzelnen geistig und leiblich zu einer Persönlichkeit macht? Wann findet der Übergang vom Individuum auf die höhere Stufe der Persönlichkeit statt?

Nur dann, antworte ich, wird ein Individuum zur Persönlichkeit, wenn es in irgendeiner Weise ein Träger des Weltwillens ist, bewußt oder unbewußt! Ein Wesen, welches in sich keine anderen Motive im wesentlichen kennt, als die Aufträge der Welt, als Stimmen, die ihn ohne das Individualgefühl irgendwelcher Furcht vorwärtstreiben, im Banne der gefühlten Rhythmen der Welt — nur ein solcher Mensch kann Persönlichkeit werden und, wenn er sich und seinen Trieben treu bleibt — sein. Nur wer die Richtung des Allrhythmus freudig im Einklang mit den letzten Schwungkräften seines eigenen Rhythmus empfindet — nur der ist oder wird Persönlichkeit.

Wann geschieht das? Nun, jedem wird oftmals die Gelegenheit geboten, im Rhythmus des Frühlings, der Genesung, der Liebe die höchste Menschenwonne zu empfinden! Das sind aber eben die Bewiesenheiten vom Einklang der Natur mit unserem Ich, des Universums mit unserem Individuum!

Warum behaupten denn so viele gerade junge Menschen, eine Persönlichkeit zu sein und sind es auch manchmal? Weil in der Zeit der Reife alle Säfte blühen, alle Spindeln glühn vom Vorgefühl der Erfüllung, weil hier gefühlter Weltallwille, geahnte Kraft, ihn zu erfüllen, sich bemerkbar macht, wie nie später wieder in der Jugend die titanischen Kräfte der einströmenden, lachenden Weltrhythmen uns zuflüstern: Willst du mit? Vor dieser Entscheidung steht einmal jeder Mensch! Wehe, wenn er verzagt ist, das Wolkenschiff zu besteigen, er bleibt Individuum, wohl ihm, wenn er auf die Planke tritt mit dem Gefühl: „Ich will jedenfalls dabei sein, steure los!" Solcher wird eine Persönlichkeit werden.

Was heißt hier Irrtum, heißt hier Schuld? Einen ehrlich mit Gott und sich im Reinen gefundenen Plan kann auch ein Gott nicht verwerfen. Tragik ist Scheitern solchen bestgewollten Willens am

Unbegriffenen! Darauf kann nur Gnade, keine Strafe stehen. Aber nur die, welche ihren Weg gehen, den sie aufleuchten sehen, als ihren Auftrag, als ihr Ziel, unbekümmert von den ewigen Versuchen zur Lust der Weltlichkeit, wie Christus vor dem Teufel, nur sie sind oder werden Persönlichkeit. Hier klafft ein Widerspruch! War Buddha, der Verneiner der Welt, und sein Prophet Schopenhauer, und waren alle diese grandiosen Pessimisten, von Empedokles bis zu Strindberg, Nietzsche und Weininger, etwa keine Persönlichkeiten? Gewiß, sie waren es, weil sie ihrem Auftrag treu bis zum Ende ihrer Idee hingegeben waren und diesem ihrem individualistischen Anschauen der Welt bis zum Opfer treu geblieben sind.

Nun wird einmal die Geschichte lehren, und in gewissem Sinne hat sie es schon gelehrt, daß nur diejenigen in irgendeiner Weise hervorragenden produktiven Männer, welche ihren Mitmenschen als Persönlichkeiten, den Nachfahrenden als Genies erschienen sind, immer solcher Art waren, daß ihre Lehren, ihre Taten, ihr Leben und dessen Führung gleichsam eine Entwicklungsstufe der Zukunft vorausnahmen, anders ausgedrückt, daß ihre Wirkungslinie durch ein „Zufrühgeborensein" zum Voraus, als Vorposten gleichsam künftige Möglichkeiten voraussah und sie wahr machte. Ihr gesamtes Wirken lag in der Verlängerungslinie der Zukunft, sie fühlten den Weg, den Frühlingspfad voraus, den die Menschheit, getragen von den Impulsen aller Einzelindividuen und erstrebt von dem ewigen Willen der Entwicklung zu gehen bestimmt ist. Es ist die vollendete, rhythmische Einfühlung des Ichs in die Richtung des Alls, des Unausweichlichen, Unhemmbaren, welches schöpferische Menschen zu Genies macht. Das ist ja der Grund, warum man von einem Mitlebenden nie beweisen, nur immer vermuten kann, daß er ein solcher Wegweiser zu Höhen ist, zu dem einst der ganze Heerbann der Menschheit aufsteigen muß. Das Kriterium des Weges, seine ideale topographische Richtigkeit kann nur die kommende Zeit entscheiden. Es gibt nur Genies der Zukunft und der Vergangenheit, die Gegenwart weiß nie, wer unter uns der Genius ist, welcher in irgendeinem Bereich den Ariadnefaden des Aufstiegs in Händen hält. Denn, das ist ja die Tragik des Genies, daß es erst anstürmen muß gegen eine Phalanx von Widerständen, sie (wie selten und wie langsam!) überrennend, die Palmen des Siegs im stumpfen Alter erst oder im noch taubern Sarge rauschen hört, daß dann die ungehörte Fanfare des Sieges beginnt, und daß (noch tragischer!) schließlich sein prunkender Leichenstein, sein Ruhm wie eine Hemmung drückt auf die, die nach ihm mit derselben Fähnrichsweihe zum Generalissimus der Gedanken bereit dastehen, ihn zu überwinden. Freilich, er selbst, der Candidatus immortalitatis, weiß ja nichts von seiner

Zukunftsrolle, wehe, wenn er es sich einbildete! Seine Demut, die schönste Zier des Genialen, seine Kindlichkeit, dessen schönster Orden, und seine opferfähige Selbstlosigkeit und Unbestechlichkeit, die leuchtendsten Kränze für seine reine Stirn — wären dahin! Der eitle Wettlauf begönne, und das Allzumenschliche könnte, ach zu bald, der freien Schwinge die schönsten Steuerfedern entreißen. Es ist also die eigentliche Schwungkraft der ganz großen Persönlichkeit, des Idealmenschen, des Genies, doch im Unterbewußten gelegen, und das bringt uns auf das Kernproblem des Persönlichen überhaupt.

Wir haben den Sympathikus den Allherrscher genannt, mit seinem Goldnetz von empfindenden Gangliengeflechten, welche er im Innern des Leibes um jedes Organ mit besonders dichtem Gefüge gewebt hat; so um die Gebärmutter, wo er das Wunder der Empfängnis bis zur Geburt des neuen Menschheitserben leitet und überwacht wie Sternenweben über jener Morgenlandshütte; so um Herz, Niere, Leber, Nebenniere, Generationsdrüsen, Pankreas usw. usw., überall, wo etwas besonders Rätselhaftes gebraut, gekocht, entsprudelt und gekeltert wird — da ist er dabei mit seinen mikroskopisch kleinen Geisterfingerchen und leitet alles Geschehen mit unbegreiflich segensreichem Walten. Nun, er ist ein Meister Rübezahl, der Jahrtausende Zeit gehabt hat, sich zu üben in allen Zaubereien und Weisheitsformeln der Natur.

Er ist des Stoffes erster Nervensohn, der erstgeborene, in sich sichere und durch seine Urstruktur gesicherte Geist der Materie, ihr erstes Depot, die Verdichtung aller Empfindlichkeit und Geistigkeit, wenn man so sagen darf, von kondensiertem Willen, die erste nervöse kleine Zentrale, welche einen bestimmten Umkreis ihr zugewiesenen Stoffes nach höherem Kommando, nach dem gefühlten Rhythmus der Welt in molekulare Stromrichtungen und Kristallkompasse zwingen konnte. Vorher, vor seiner Geburt, anfangs ein Tröpfchen kondensierten Weltwillens, war zwar schon alles in molekularer Erzitterung, chaotisch, erregt von jedem Reize hier und da, was uns die Brownsche Molekularbewegung feinster Teilchen noch heute unter dem Ultramikroskop direkt erkennen läßt, aber diese phantastischen Veitstänze der ersten Formelemente, der zu Lichtfeldern gebannten Ätherteilchen, waren wie eine Riesenarmee durcheinander verschobener Truppen, im Anmarsch zu einem ihnen ganz unbekannten Ziel. Ein wilder Wille in ebensoviel Milliarden wilder Wollender. Da kam der Ordner, der Organisator, der Disponent der Macht, der Gruppenbildner — der Sympathikus. In ihm, wie in einem Beauftragten des Gesamtwillens, wurde dieser Wille bewußt, und er lagerte und lagert immer noch heute die Elemente so, daß sie mit dem Gesamtwillen des Oberkommandos immer möglichst eine gleiche Marschroute einhalten. Er ist also vom Fischlein, wo er vielleicht zuerst erstand, überm Wurm bis zum Menschen der große, uralte Weise geblieben, der Kondensator des Weltwillens, der nie sprechende, nie kündende, nur Spannung äußernde alte Nachtgelehrte, der die Empfängerplatten des Alls der Welt und des kleinen Nichts der Erde und all ihrer Geschehnisse in Händen hält und unaufhörlich Meldungen schickt zur Zentralstation bewußten Lebens, die eben zu bestimmen hat, inwieweit das Einzelindividuum schon berechtigt ist, teilzunehmen an dem Aufstieg, an der Rhythmenflut, von der er, der Sympathikus, alleinig im Leibe des Individuums etwas, dem Gehirne unbewußt, fühlt und weiß.

Nicht jedes Individuum ist berufen und auserwählt genug, nicht jeder Apparat der Seele, „der Geist", ist vollendet genug gearbeitet, um ganz die unterbewußten Rhythmen des Alls zur Geltung zu bringen. Sie könnte viel Unheil bringen, eine Botschaft aus dem All vom Sympathikus zum Bewußtsein hinaufgetragen, wenn sie vom fehlerhaften Apparate falsch referiert würde, übersetzt, mißverstanden, hinausgeschrien in die Welt, als eine schlimme Prophetie. Wie das so oft geschieht im Leben der Staaten und heute das Geschick der Völker beherrscht! Es ist gefährlich wegen der Ansteckungsfähigkeiten unreifer Ideen, die ja nur geistige Rhythmen sind, ein Filtrat aus den Tiefen des Sympathikus ungehemmt in das Bewußtsein übergehen zu lassen, gefährlich für den Träger, gefährlich für die von ihm beeinflußbaren Genossen! Darum wird von den unterbewußten Meldungen der Marconi-Platte des Alls, dem Sympathikus, so wenig hineingelassen in das bewußte Leben, es wird vorsichtig abfiltriert, abgeschieden, und möglichst nur die stillen, fördernden Segensströme sollen den offenen, bewußteren Betrieb unserer sogenannten Vernunft erreichen. Es muß der geistige Apparat erst langsam heranwachsen zu seinen immer mehr gesteigerten Aufgaben, genau so wie erst in einem Orchester neue Instrumente geschaffen werden müssen, ehe die modernen Forderungen von nie gehörten Klängen in der Seele eines vorwärtsgerichteten Hörers von Unerhörtheiten erfüllt werden können. Das ist der Sinn des Hineinwachsens von ganzen Völkern in neue Ideen! Das sehen wir ja an der Hirnentwicklung: das ganze Gehirn kann man ganz gut ein Orchester nennen, dessen Arrangeur, Dirigent, Erweiterer, Besetzer, Komponist der Sympathikus ist, so daß alles langsam aufgestiegen ist vom Duett und Quartett bis zur unerhörten Polyphonie, vom Rückenmark zu den Gehirnknollen, von da zur Hirnkuppe und zum Gangliensystem, indem Schritt für Schritt der Urrhythmus der Welt immer stufenweise geistig höher begriffen und mit Stimmen besetzt wurde, und wir sehen sogar die Möglichkeit der Fortsteigerung dieser Neubesetzung für geistige Ausdrucksmittel, die Möglichkeit eines Überhirns über dem jetzigen Hirn garantiert durch die simple Tatsache, daß das Wachstum unserer Schädelknochen erst im 18. Jahre den sphärischen Schluß macht, gleichsam als lauerte eines Jeden Kopf auf die Anbildung neuer Formen, neuen Gehalts, neuer Sitzplätze für neue Instrumente im Gehirn. Wem das zu phantastisch klingt, den darf ich wohl daran erinnern, daß es außer Frage steht, auch streng anatomisch, daß Goethe den Nachweis führen könnte, daß der Schädel ein fortentwickelter Wirbel ist, so daß man deutlich lesen kann im Buch der Entwicklung: weil sich das Rückenmark hinaufsteigerte zum Gehirn, so mußte ihm aus der Röhre der Wirbelsäule ein Dach, ein Gewölbe, ein Altar, ein Kuppelbau geschaffen werden, um dieses Allerheiligste des Organischen zu schützen. Wer aber steuert denn alle diese Bildungen, wer ist der geheimnisvolle Architekt aller dieser neuen Konstruktionen? Wer anders als der Vertreter der plastischen Ideen der Natur überhaupt, die Brücke und der letzte erkennbare Träger des Weltwillens, der seelische Organisator, der Nervus sympathicus, den man heute auch den Nervus ideo-plasticus nennen könnte, unser im sympathischen Geflechte um schier alle Organe angefaserter, organisierter Ätherwille, unser Mit- (d. h. mit der Welt) Fühlender! Nur von hier aus, vom Wechselspiel zwischen unbewußtem Triebleben und mehr oder weniger vollendetem Apparat, dessen Funktion wir eben „Geist" nennen müssen, der seine Struktur einer unausweichbaren Ahnenreihe verdankt, von diesem Verhältnis vom Spieler zum Instrument, vom Geiger zur Geige, vom Virtuosen zum Klavier, ist nun das abhängig, was wir Persönlichkeit nennen. Jedes Individuum ist eine Nuance dieses Verhältnisses von eingeborenem Weltwillen und der physisch gewordenen Ausdrucksfähigkeit des Apparates. Es wäre auch eine wahnsinnige Ungerechtigkeit der Natur, jedem Leben nicht wenigstens die Möglichkeit zur Höchststeigerung mitgegeben zu haben mit seinem weltmotorischen Auftrag im Sympathikus; wie er sich bricht im Prisma der Individualität, das ist eben von den unendlichen Variationsreihen abhängig, welche der Antipol des Geistigen, die Materie und ihre Gesetzmäßigkeiten schaffen. Vergessen wir nie, daß alles Widerstrebende, jede Kampfnorm ein Werk der Schöpfung selbst ist, daß der Teufel ein Geschöpf Gottes (vielleicht seines beängstigenden Traumes) sein muß, weil die Setzung des Gegengedankens allein ihm ganze Himmelsklarheit garantiert. Es ist alles polar, und wenn Kant sagt, es sind drei Grundformen, in denen der Menschengeist zu denken gezwungen ist: in Raum und Zeit und Kausalität, so fordere ich ohne weiteres die Polarität, die ewige Gegensätzlichkeit, von Schwarz und Weiß, von Liebe und Haß, von Gott und Teufel in diesen schlimmen Bann der Menschengedanken. Ich persönlich kann nichts ohne Gegensätzlichkeit denken, ich sehe den Sonnenuntergang nicht ohne Vorstellung von ihrem Aufgang, den Strom nicht ohne sein Bett von Felsen, ich kann die Kraft nicht sehen ohne Widerstand und kann Gott nicht glauben ohne Teufel. So kann ich auch den Menschen nicht sehen in seinem geistigen Leben ohne Apparat von Geist und Hemmung, und kann nur aus polaren Komponenten jede Phase seiner seelischen Betätigung erklären. Das also, was den Menschen zur Persönlichkeit macht, ist wiederum eine Polarität, eine Kampfstellung von Bewußtem und Unbewußtem. Eine Persönlichkeit ist also ein Mensch, bei dem eine Harmonie besteht zwischen unterbewußtem Willen und seiner Fähigkeit, diesen Willen in sich, wenn auch dunkel, zu begreifen und anderen Individuen begreiflich zu machen. Eine Persönlichkeit ist ein auffallender, ein bewunderter, ein verehrter Mensch deshalb, weil auch die Menge instinktiv, d. h. zwanghaft überzeugt anerkennen muß, hier ist eine Einheit, und zwar ein wesentlicher ausgeglichener Ideenakkord von Weltwillen und Menschenwillen. Diese Einheit gibt die Würde, die Hoheit, die Berufenheit, die auffällt. Die höchste Steigerung der Persönlichkeit ist das Genie, welches die Etappe höherer späterer Erreichbarkeiten solcher Harmonie wie im Paradigma vorzeigt. Ob nun eine solche von seiner Mitwelt wegen dieser Harmonie angestaunte Persönlichkeit ein Genie ist, das eben entscheidet das ewige Salz des brandenden Meeres der Zeit.

Ein Schopenhauer — und viele andre problematische Genies könnte man hier nennen — kann seinerzeit eine hervorragende Persönlichkeit und vielen Jahrhunderten später ebenso erscheinen; ob er im Sinne der Fortbildung, des Aufstieges der Menschheit eine Genialität bleibt, das ist eine Frage, die eben kein Verstand, sondern nur das „Muß" der Entwicklung entscheiden kann. Das ist die Tragik aller, die nach dem Höchsten langen. Ein tiefer Barbarossa-Schlaf in den Gewölben unter dem darüberrollenden Leben nur kann entscheiden, wer der Menschheit ein Genius war.

Hier reiht sich nun, unausweichbar, die Frage an: Was ist die Unterlage, die Struktur, das Skelett der Persönlichkeit? Der Charakter! Was ist das? Wir sagen von einem Menschen, er habe Charakter, wenn seine Handlungen und sein Wesen eine gewisse innere gleichartige Beständigkeit zeigen, sofern wir darunter etwas Positives im Sinne eines „guten", auffällig vorbildlichen oder mustergültigen Individuums, ob Kind, Mann, Frau, Jüngling oder Jungfrau verstehen. Wir trennen hier vorläufig die Negation, die Verkehrung in ihr Gegenteil, den „schlechten" Charakter, ab. Haben wir doch auch bei der Bestimmung der Persönlichkeit erfahren, daß eine höhnische Nuance die Persönlichkeit in eine „schlechte Person" verkehren kann, und daß es nur der mimischen Entrüstungsgeste bedarf, um „Person!" allein zum Schimpfwort zu stempeln. So bekommen also unsre Prägemünzen der Worte durch mimisches Pronunziamento, oft durch eine leichte Verschärfung der vorgestoßenen Konsonanten eine den Sinn ins Gegenteil wendende Stempelung. Das ist fast bei jedem abstrakten Begriff möglich: „so eine Menschheit! so'n Mensch, Menscher, schöne Persönlichkeit, Individuum usw." können stets auch im Gegensatz zu ihrer ursprünglichen Bedeutung als Hohn, Spott, Angriff, Aburteil verwandt werden*. Das ist auch beim Charakter der Fall, der ursprünglich ja nichts als das Merkmalartige bedeutet. Wir wollen hier also unsre Untersuchung nur auf diejenigen denkbaren Funktionen unsers Gehirnnervenapparates beschränken, deren Wechselspiel und Mechanismus zur Erkenntnis der hauptsächlichen Quellen eines guten, lobenswerten Charakters führen sollen. Da soll zunächst konstatiert werden, daß sehr viele Menschen sich für einen Charakter halten und auch von andern gehalten werden, weil sie ohne genügende

---

* Das beweist, wie das psychophysische innere Geschehen durchaus nicht allein durch die Sprache nach außen projiziert wird, sondern daß sie oft die mimisch-gestenhafte Tätigkeit der Körper- und Gesichtsmuskeln, Hände, Finger (bei den Italienern) zum deutlichen Verständnis herbeiruft. Das einfache „Ja" kann durch solche konkomitierende Geste (z. B. ein listig zugekniffenes Auge, eine Rollung der Handfläche nach oben) von seinem ursprünglichen Sinn zu 95 Grad „Nein" mit hineinklingen lassen. Wenn Christus sagt: „Eure Rede sei ja, ja, nein, nein, was darüber ist, das ist vom Übel", so ist das buchstäblich richtig, nur müßte es heißen statt darüber: was „dazwischen" ist, was vielleicht Luther, wie so vieles, ganz falsch übersetzt hat!

Kenntnis ihres eigenen „Ichs" und seiner Bedingtheit sich eine ganz falsche Vorstellung von sich machen und andern aufzuzwingen suchen. Sie haben in sich einen Götzen von sich, mittels der Phantasie ein inneres Antlitz ihres geistigen Wesens errichtet, dem sie mit einer enormen Konstanz des Willens nachstreben. Sie glauben so und so beschaffen, sich dies und das schuldig zu sein, sie verwechseln Eigensinn, Steifbockigkeit und Pedanterie mit Charakter und lernen vielleicht plötzlich in der Stunde einer ungeheuren Versuchung, daß ihr „Fetisch von sich selbst" gebrochen am Boden liegt; eine Tragik, die einem echten Charakter eben niemals passieren kann, er kann nicht zusammenbrechen, er läßt sich eher zerreißen, als daß er eine gewisse starre Folge ihm absolut geläufiger und selbstverständlicher Mechanismen des Handelns aufgibt. Es ist die erstaunliche Selbstsicherheit der oft härtesten Entschlüsse und Unausweichbarkeit in der Richtung der Bestrebungen und Taten, die Unerschütterlichkeit einmal gefaßter Beschlüsse ohne viel Überlegen, welche der Funktion eines Charakters das Gepräge einer höheren, von größtem Willen getragenen Automatie, jene absolute Verläßlichkeit, fast Ausrechenbarkeit und Treue gibt. Worin besteht die Sicherheit dieser Automatie im Willen? Weil der Wille des Charaktervollen viel mehr am Weltwillen seines Sympathikus-Unterbewußtseins gebunden ist als der andrer. Wir wissen vom „Schaltwerk der

Gedanken" her, daß der Wille des Menschen eine Diagonale zweier Kräfte ist, dem Triebe des Unterbewußtseins, von dem aus er gebunden determiniert ist, und der Spielbreite der mit Hilfe von Muskeln bewirkten Einschaltung, in welcher er frei ist. Jede Handlung, selbst unser Denken, als Handlung, Aktion des Neurogliamuskels gedacht, welcher die Register schaltet, hat zwei Ströme: den unterbewußten Grundwasserstrom, der ihn dem „All" verbündet mit der Marconi-Platte des Sympathikus und den Augenblickselementen des einzelnen „Falls", welche an den Klingelzügen seiner Klaviatur zerren. Da ist also der Wille und die Handlung eine Machtfrage zwischen Bewußt und Unbewußt, und Hamlet ein Bild der Wetterfahne ohne Richtungslinie, weil immer die großen, ewigen Weltimpulse seines Unterbewußtseins verflattern an den tausend Hemmungen, welche die Motive des Moments vor dem Perfektwerden einer Tat auftürmen. Und die Selbstbeobachtungsmöglichkeit, die Innenansicht dieses Vorganges läßt ihn hilflos vor den Strudeln dieses Ringens tatenlos hinabschauen in die Tiefen des aufgewühlten Ichs, wie einen träumenden Schiffer am rauschenden Wehr. Er ist ein wie Binsen in den Wogen schwankender Charakter!

Dagegen ist Cäsar ein Mann, der im vollen Gefühl einer in ihm waltenden Urkraft, einer determinierten Bestimmung, eines dem Rauschen der Weltmühlen des Sympathikus abgelauschten

Auftrags alles Gegenwärtige, alles Augenblickliche, jedes Motiv vom Brausen des Tages und der Forderung der Stunde mit gewaltiger Muskulatur des Willens eindreht in den Vollstrom des unterbewußten: du mußt, und der kein Ereignis kennt, das erschütternd, durchgreifend, blitzstark genug wäre, diesem Zwiestrom von Wollen und Sollen, von Wählen und Müssen die Stirne zu bieten. Ich wähle diese beiden Charaktere eines größten Seelenkenners, Shakespeare, nicht, um diese Funktionen als historisch gegebene zu analysieren, ich benutze hier nur die Seherkraft eines Psychologen von Meisterschaft, um an ihrem Extrem die typischen Funktionsmöglichkeiten dessen zu entwickeln, was wir eben als Charaktere bezeichnen wollen. Denn dichterische Charaktere sind noch nicht die des realen Lebens, wenn sie dieselben auch spiegeln wollen. Wie im Leben entscheidbar sein soll, wer im Urstrom des Seins determiniert, verankert, vorwärts getrieben wird und wer nicht, das darf wohl niemand zu entscheiden wagen, der nicht den Plan der Welt in der Tasche hätte. Hier muß genügen, zu sagen, daß ein jeder seines unbewußten Lebens unüberwindbaren Vollstrom für identisch mit dem Weltwillen zu halten ein volles heiliges Recht hat, und daß die Entscheidung, ob einer der großen Charaktere und Genies wirklich auf der Lokomotive der Entwicklungsbahn des Menschengeschlechts gesessen hat, eben nur die allmächtige Wage der Zeit offenbaren kann. Wir können nicht weitergehen, als sagen: ein Mensch, der seinen ihm eingeborenen, richtunggebenden Trieb als ein unumstößliches Gebot seines Handelns trotz aller Einwände der Erfahrung und Verlockung persönlichen Nutzens als maßgebend ansieht, der ist eben unter allen Umständen ein Charakter. Das kann ein sittlicher oder ein unsittlicher Mensch sein; ein Unbeugsamer, unbeugsam durch Ereignis oder Einwürfe, er ist immer ein Charakter. Stört er mit seinem brausenden Tiefen- und Urwillen die menschliche Gemeinsamkeit und ihre gewollte Einheit, so mag man ihn einen verderblichen, schlechten, teuflischen Charakter nennen, aber er ist einer. Er unterscheidet sich gehirnfunktionell in nichts von jenen so unendlich viel glücklicheren Staubgeborenen, welche als wohltätige Genien der Menschheit lebendige Wundertaten voll Kraft und Segen vollbringen, was wir Taten einer ethischen Vernunft nennen. Wir versuchen hier keine Morallehre, sondern wollen uns für alles geistige Geschehen und später für alles gefühlsmäßige Empfinden möglichst scharfe Funktionsbilder schaffen. Das ist eben meine persönliche Methode, das philosophische Denken funktionell zu lehren, und ich überlasse andern gern andre Methoden; die meine ist nur ein Versuch, die Ganglienarbeit ingenieurmäßig begreifbar zu gestalten. Und so bliebe mir nichts übrig, als zu erklären, daß der Charakter ein Mensch ist, bei dem die Willensstrebungen des sympathischen Gebietes mit allen Hormonen und Säfteankurbelungen der inneren Sekretion, wechselnd an Triebkraft für die Hirnganglien, die Reize des individuellen Lebens und seiner begrenzten Zeitspanne überragen. Beide spielen ja am Apparat des Geistes, und je vollkommener dieser Apparat entwickelt ist, um so stärker, tiefer und nachhaltiger dürfte des Charakters öffentliche Erscheinung sein. In dem Verse aus dem „Westöstlichen Diwan", wenn Goethe von dem höchsten Gut der Erdenkinder spricht, meint er auch einen Auftrag:

> „Jedes Leben sei zu führen,
> Wenn man sich nicht selbst vermißt,
> Alles könne man verlieren,
> Wenn man bliebe, was man ist."

Nun, das ist eben die Konstanz des eingeborenen, unterbewußten Willens, der seine Strudel eben vom Weltwillen bezieht, gegen die Verlockungen von Situation zu Situation, der Strom unter den Nebeln, die ihn verhüllen! Gewiß muß also im letzten Sinne dieser Strom getränkt sein im Azurblau des ewigen Wollens der Natur, die fortrollenden Ideen des uranfänglichen Äthers, seine Richtungen müssen schließlich alle Ethik und alle Vernunft umklammert halten, ja identisch mit ihr sein. Aber der menschliche Apparat, der Diesseitsleib unsrer Seele ist nicht stets fein und empfindlich genug, um seine sanft gleitenden Schritte, wie eines Vogels Tritt im Schnee, zu hören, erst einer späteren Organisation im Jenseits mag es gelingen, hier feinhöriger zu werden. Solange eben ist jeder für seine Moral ein Charakter, der unentwegt den mit allen seinen Geistigkeiten hier und da belauschten Grundwillen, nach allen Quälereien des Dafürs und Dawiders im Leben, als sein einzigstes Eigentum, als etwas nicht Vermißbares und Beharrenmüssendes anerkennt und ihm die Fluten seiner Lebensanschauungen und Handlungen breit öffnet, wie dem Adler die schwebende, treibende und hebende Luft. Trotz allem!

Nun möchte ich gerne eine gewisse Unterscheidung zwischen Persönlichkeit und Charakter machen, von der ich freilich nicht weiß, ob sie des allgemeinen Beifalls auf einem internationalen Wortwertzeichen-Kongreß sicher wäre. Ich bin nämlich sehr geneigt, die beiden Begriffe möglichst scharf voneinander abzusondern, weil die Tatsache besteht, daß es wohl kaum einen Charakter geben dürfte, der nicht zugleich eine Persönlichkeit wäre, daß es aber viele Persönlichkeiten geben dürfte, denen man das Wort Charakter nicht so ohne weiteres zubilligen würde. Ich möchte das Wort der Persönlichkeit dahin zurücktreten, woher es vielleicht kam, zum Künstlertum, und das Wort Charakter, wenn man so will, zum Philisterium. Ein Charakter ist ja an sich der Mensch der wohlgefügten Ordnung, der Verläßlichkeit und regulären Pflicht im höchsten und tiefsten Sinne; ein Charakter kann ein an sich unbedeutender

Mensch sein, eine gewisse Gloriole von Würde und
Unantastbarkeit umgibt ihn doch, aber er behält
etwas Staatseingeordnetes, Bürgerliches, Genossen-
schafts- und Standesgemeinsames. Anders die Persönlichkeit: von ihr geht ein Hauch allgemeiner
Menschlichkeit, eine Art kosmopolitischer Weihe
aus. Das kommt daher, weil eine Persönlichkeit
dem Schöpferischen näher steht als der Charakter
an sich. Ja, das Maß einer Persönlichkeit richtet
sich geradezu nach dem Maße seines künstlerischen, schöpferischen Einschlages. Persönlichkeiten sind darum so oft international Gefeierte
gewesen, der Charakter kann nicht international
sein, er muß ein nationales Timbre haben, eben
weil der Nervus sympathicus zwar Sproß der ganzen
Welt ist, aber sein Komponent, der Apparat, ein
auf Schollen gezüchtetes Kunstwerk ist, bedingt
durch Rassen- und Nationalitätennuancen, welche
die Persönlichkeit nicht braucht. Ihr genügt es,
allgemeingültige Werte zu schaffen für j e d e s Menschenauge, Ohr und Herz und Wohl. Der Charakter hat einen ethischen Einschlag, die Persönlichkeit einen ästhetischen. Woher es denn wohl
kommen mag, daß in der Kunst leicht die Charak-
terlosigkeit, das Zigeunerhafte auftaucht und im
Stande der Seßhaften das Künstlerische oft wie
Einbruch empfunden wird. Das liegt daran, weil
ein Überschuß im Phantasieregister dem konstanten Energiestrom der Handlung leicht gefährlich
werden kann, und umgekehrt ein konstanter Strom

des Handelns kein Entweichen ins Reich der Träume gestattet, ohne eben an Stetigkeit einzubüßen. Ein Staat kann schließlich der Persönlichkeiten eher entraten als der Charaktere. Er verlangt einen Rücktritt der Persönlichkeit zugunsten eines allgemeinen, als gegenwartsnützlich erkannten vollen Willens.

Es würde manchem Leser dieses Buches doch vielleicht eine empfindsame Lücke unsrer bisherigen Ausführungen über Ich, Individualität, Charakter und Persönlichkeit bedeuten, wollten wir gar nicht die Stellung dieser drei menschlichen Wesenheiten, deren Kristallisationspunkt immer das Ich bleibt, in irgendwelche Beziehung zu der Gemeinsamkeit des Menschen, zu seinen Kollektivbegriffen Nation, Staat, Menschheit setzen. Wir sagten es ja schon in der Einleitung, daß keine Zeit der Geschichte so unendlich diktatorisch eingegriffen hat in den Egoismus des Ichs, wenn man so sagen darf, wie die Erfordernisse dieses Weltkriegs, von dem man nicht weiß, ob er mehr der bisherigen Menschheit Vernichtungsorgie oder das brodelnde Chaos einer zukünftigen bedeutete, bei dem es wenigstens für die männlichen Mitglieder den Begriff des Individuums, der Persönlichkeit als eines Sonderwillens gar nicht mehr geben konnte, so sehr war auch der Wille des einzelnen eingezwängt in die Idee des ganzen Vaterlandes. Hier würde der Staat, die Nation gern der großen Persönlichkeiten (außer an Führerstellen) entraten, wenn nur dafür recht viele Charaktere in den Reihen selbst der einfachsten Soldaten vorhanden wären. Ja, er verlangte sogar überall den Rücktritt des Persönlichkeitsgefühls vor der großen Glut des Allgemeingefühls. Aber was ist eine Nation, ein Staat? Man sollte es nicht glauben, wie viele Schwierigkeiten es den Historiographen und Biologen gleicherweise, also den Geisteswissenschaftlern und den Naturwissenschaftlern macht, eine wirklich allgemeingültige Definition von dem zu geben, was eine Nation ausmacht. Rassenunterschiede, Territorialgrenzen, Spracheinheiten, Gewohnheiten, Gebräuche, klimatische Bestimmtheiten, Rechtsnormen — alles das gehört wohl mit dazu, aber keines ist durchgreifend, und so ist es eigentlich verblüffend: es gibt eigentlich keine Definition von dem, worauf alle Völker so stolz sind, und in dessen Namen sie die größten Menschenopfer zu bringen allezeit bereit waren. Hier muß einmal viel tiefer ausgeholt werden, um so etwas wie eine plausible Einheit zu schaffen. Unstreitig scheint es zunächst etwas durchaus Geistiges zu sein, was entscheidend die einzelnen Mitglieder einer Nation so unzerreißbar aneinanderkettet, im Bewußtsein einer politisch untrennbaren Zugehörigkeit. Diese geistige Gemeinschaft umfaßt nicht nur die Gleichheit der Sprache, der Gebräuche, der Verkehrsformen, der Speisenzubereitung, ein gleiches Mienenspiel, eine Harmonie ihrer Feierlichkeiten oder ihrer Heiterkeiten, die Form ihrer Schwermut oder ihres Humors, nicht nur Glaubenseinheit oder Niveaugleichheit ihrer Logik, die Form ihrer Erotik oder ihrer Rache — von allem ein bißchen und doch keines ganz rührt an dem geheimnisvollen Ring, der alle Greise, alle Kinder, alle Männer, alle Frauen einer Nation gewaltig und eisern umklammert hält. Es muß hier etwas viel Universelleres zugrunde liegen, was alle diese Einzelmomente nur wie Zacken in einem großen Kamme erscheinen läßt. Ich scheue mich nicht, es auszusprechen, es muß in einer Gemeinsamkeit der Gehirnorganisation gelegen sein, in der gleichmäßigen anatomischen Struktur und davon abhängigen gleichgerichteten Funktion der Ganglienapparate. Es muß so etwas wie eine chinesische, gallische, germanische Klaviatur im funktionierenden Innern des geistigen Apparates geben, welche gleichsam immer wieder einer uniformen Neusaat seine Regeneration verdankt. Nun, dies scheint mehr zu sein als ein Vergleich, es ist vielleicht die volle nackte Wahrheit, welche man auch so ausdrücken könnte: die geistige und physische Organisation einer Nation ist bedingt durch die Gemeinsamkeit der Nahrung, welche ein bestimmter Boden, die Heimatscholle, produziert. Wir wissen ja vom „Schaltwerk der Gedanken" her, daß die Nahrung ein Mysterium ist, daß sie viel mehr bedeutet als den simplen Stoffwechsel und den Umsatz von unterhaltener Wärme in Arbeit, wir haben ja in ihr einen ungeheuren Kreislauf des Lebens, eine dauernde Befruchtung von Nukleinkern zu Nukleinkern gesehen und glauben das Wunder der Zeugung bei jedem Nahrungsaustausch immer von neuem wieder erweisen zu können. Nahrung ist Kerntausch und Kernbefruchtung. Daher die Brutalität der Natur, des Sichzerreißens und -zerfleischens; ihr liegt die gewaltsame Erschließung der letzten Bewegungsrhythmen aus den kleinen Spiralen des organisierten Nukleins zugrunde. So nimmt die Scholle die heiligen Zellen des zerfallenen Leibes, dem die Seele entwich, in sich auf; die letzten kleinen Kristalle der entatmeten Persönlichkeit werden den Bakterien, den Larven zum scheinbar nur furchtbaren Raub, sie entrollen im neuen Leibe die hochorganisierten Rhythmen des geschiedenen höheren Individuums, um sich selbst auszurüsten mit dem Trieb des Aufstiegs; sie müssen ihre Leiber hingeben den Insekten, den Fischen, Amphibien und Vögeln, ein viel reicheres Teil noch assimiliert vor allen die Pflanze, und der Mensch dieser Omnivore, der Allesverschlinger, erhält schließlich auf einem schwindelmachenden Umwege die Spannkräfte seiner Urahnen durch die Nahrung zurück, gestählt, gestärkt, gekräftigt und begabt mit unerhörten Fähigkeiten der ganzen Wesenschaft der Natur, um von Generation zu Generation aufzusteigen zu unerhörten Erfolgen. Die Geheimnisse alles Naturgeschehens, vorexperimentiert vom großen Bastler des Alls, die Milliarden Mechanismen, der geheime Chemismus vieler Wesen, von allem erfährt er den Anstoß: lausche, begreife, horche! Die kleinen Nukleinspiralen der Nahrung läuten ihm von Wundern des Lichtes aus den Leuchtkäfern nicht weniger, als vom Zauber des Fluges, des Tauchens, des in die Tiefefahrens. So viel Nukleine der Mensch in sich aufnimmt, so viele kleine Ideenerzeuger assimiliert er sich, und wo ein Apparat herausgebildet ist, der die Stimmen dieser kleinen rhythmischen Sänger wie ein geistiger Siegfried hören kann, der wird ein Entdecker, ein Verkünder der Natur und ihrer Wunder. Aber nicht das allein; diese kleinen Durchsegler der ganzen lebenden mikroskopischen Welt bringen auch die winzigen Baumeister zu ihm, welche eine Einheit des geistigen Apparates erzwingen, von Ahnenzeit zu Ahnenzeit bis in die fernsten Enkelreihen, welche eben das Wunder der Nationalität in sich schließt. Sie sind die Träger der Unsterblichkeit des Ahnengedankens, wie sie die Entzünder neuer Begnadungen werden, um dem Nachlebenden Gelegenheit zu geben, auch ein Ahne zu sein! In diesem Kreislauf von Scholle, Urväterzellen und der konformen, heimatlicher Nahrung steckt das Rätsel der Nationalität: mit gleichem Material ein gleicher Apparat gebildet, gleich im Sinne der feinsten Mechanik rhythmischer Kontakte im mikroskopischen Nukleinkern, hat das gleichgerichtete Organische sich auch gleiche Ausdrucksmittel seiner geistigen

Wesenheit geschaffen, von dem alles andere erst sekundär ist. Sekundär die gleiche Art zu fühlen, zu denken, zu singen, zu sprechen, sekundär die gleiche Hautfarbe, Augenfarbe, Schädelbildung, sekundär das Rechtsgefühl, der Glaube an den einen oder die vielen Herren dort über den Sternen, die Weltanschauung, die Gemütserregungen usw. Es ist eine Einheit der Gefühlslogik vorhanden, wenn man so kühn sein darf, den ganzen Hirnmechanismus mit einem Worte zu umfassen, die jede Nationalität von einer anderen unweigerlich scheidet. In den Nukleinkernen der Heimaterde, die Nachsaat aller darin Verendeter, welche für jedes Land Milliarden und aber Milliarden solcher kleinen Rhythmenträger ausmachen müssen, steckt die Konstanz der Gesinnungs- und Denkweise der Individuen eines Volkes, dem sich auch seine Persönlichkeiten und Charaktere nie ganz entziehen können: die Art. — Sollte es so ganz ohne Grund sein, daß in unseren Sagen und Märchen Heinzelmännchen, Wichtelmännchen, die Rübezahl, Nöcks, Elfen und Erlenkönige, die auch alle mehr oder weniger dem Boden entsteigen in Zaubernächten, eben vom ahnenden Dichtergeist des Volkes umdichtet, ganz die Rolle spielen, die wir hier wissenschaftlich den aufgespeicherten, fast unsterblichen kleinen Kernkristallen des Individuellen beilegen? Für mich sind eben organisierte Nukleine hochaufgerollte Kraftspiralen, in denen gewissermaßen das Persönlichste seinen übertragbaren Zündstoff erhält und ihn dem Kreislauf des Lebens übermittelt. Der allgemein dem Leben innewohnende Aufstieggedanke drückt eben diesen hochorganisierten Eiweißmolekülen in den Zellen, nicht nur in den Zeugungszellen, den geheimen Stempel der Persönlichkeit auf. Sie sind kleine Siegelbewahrer der Persönlichkeit, kleine Streichhölzerchen der Individualitäten, Rhythmusüberträger, winzige Platzpatronen mit rhythmischer Ansteckungsfähigkeit. Leben ist ein Tanz von Ätherwirbeln, und seine höchst komplizierte Verdichtung ist die organische Substanz, deren Urwerk nach Übereinstimmung aller Forscher im Chromosom der Nukleinkerne gelegen ist. Hier ist krystallisierter Urgeist mit zündender Kontaktkraft. Der Austausch dieser Kräfte heißt Ernährung, ihre Berührung miteinander schafft neue Wesen nicht nur, sondern enthält auch die Triebkräfte zur Förderung und Höherführung des persönlichen Lebens. Wenn diese Wunderkernchen übergehen in andere Organismen, so ist es ein mikroskopisches Ostern, ein Auferstehen, und mit dieser Anschauung nimmt es uns nicht wunder, daß die Zauber dieser milliardenfachen Neugeburten vom sinnenden Menschenauge immer an jenen verlassenen Schlupfwinkeln ahnungsvoll vermutet werden, wo viel Lebendiges dem Tode verfiel — Richtstätten, Schlachtfelder, Kirchhöfe; daß geglaubter Geisterspuk und wahrhaftige Verwesungsfluoreszenz an Stätten des Moderns und

Ausgelöstwerdens der Nukleingeister aus allen ihren Umhüllungen sich so eng zu Gespenstern in alten Schlössern, in Kirchen und Grabmonumenten zusammenschließen, bei denen oft in steinernen Gewölben die letzten Zündstoffe der Persönlichkeit unnötig lange dem harrenden Boden, der Scholle entzogen werden. — Woher denn stammt diese enorme Konstanz des Chinesentums mit seiner völlig nach innen gerichteten Kultur der Herzen, die viele Jahrtausende den Zeiten standgehalten hat, während rings Reiche mit internationalen Beziehungen der Reihe nach abtreten mußten von der Schaubühne der Erdgeschichte? Nun, vom ewigen Gleichmaß der Nahrung, in dessen Material geradezu die Denk- und Gesinnungsart ihrer Urväter rhythmisch aufgerollt, fixiert und infektionsfähig erhalten blieb. Eine internationale Ernährung ist ein biologischer Fehler. Die Nation bleibt gleichmäßig nur durch Ernährung durch die eigene Scholle, durch die Ganglienberührung mit immer verwandten Geisterfingerchen aus dem Bereich der versunkenen Zellen, welche einst auch einem Individuum angehörten und jetzt dem neuen, in den sie durch Nahrung hineingelangt sind, etwas mitgeben vom Streben und Ringen seines geschiedenen Volksgenossen.

Für diese Anschauung weiß ich keinen besseren Ausdruck als ein Gedicht:

In dir zu ruhen, heil'ge Scholle,
Welch höhres Ziel könnt' dieses Leben krönen!
Wo Wälder ihre wundervolle
Weltklage in die Wolken stöhnen,
Wo Wogen still verrauschte
Urlieder singen, weltallabgelauschte.
Da, wo das Mosaik der eignen Zelle
Einst sich als Gold hebt aus der Bodenwelle,
Da, wo ich weiß, daß ich unsterblich bin,
In meiner Heimat legt mich Toten hin.
Da weiß ich ohne Kreuz und Marmormauern,
Wie meiner Kindheit liebvertraute Dinge,
Wald, See, der Blume und der Möwen Schwinge
Um ihres Bruders Erdenirrweg trauern!

Das ist es: der Zelle Mosaik erhebt sich einst als goldener Ähre Korn in die Welt und trägt den Zündstoff der Persönlichkeit zu den Brüdern der Nation. Wem das wieder einmal zu mystisch erscheint, der muß mir schon erklären, wie ein genau so kleines Körnchen, der Samenkopf des Mannes im Eichen des Weibes, die ganze Stammesgeschichte einer Ahnenreihe mit allen Talenten und Mißhelligkeiten neu eröffnen und entfachen kann und noch ein bißchen Neues dazu. Warum ist Zeugung und Wiedererzeugung überhaupt getrennt? Warum sollen nicht alle Zellen Ei sein können gegenüber dem mit der Nahrung überlieferten Anstoßkeim, warum sollen Ganglienzellen nicht geistige Befruchtung durch solche Zündstückchen eigenen Ätherwaltens erhalten können, wie eine Eizelle, die den ganzen neuen Menschen schafft? Kontaktinfektion, Einzwingen in denselben, Äthertanz, Rhythmus aller Rhythmen!

Darum sagen wir: die Nation ist eine Gemeinsamkeit von Menschen mit gleicher seelischer Organisation, die Genossenschaft einer gleichen Logik des Gefühls, eines gleichen Gebrauchs von Wortsymbolen und einer hohen Wahrscheinlichkeit gleichen Handelns unter gleichen Bedingungen. Das ist das Geheimnis des Wortes: „Nation ist Blutsgemeinschaft", welches für uns, die wir wissen, welchen Einfluß die Säfte auf geistiges Geschehen und das Werden des „Ichs" haben, noch einen besonders überzeugenden Sinn erhält. Nationalität ist geistig eine Gleichrichtung der Phantasie, Welt und Dinge zu betrachten, auszudeuten und zu Motiven des Handelns umzudeuten. Wir sahen, daß beides seinen organisch-biologischen Grund hat in der Gemeinsamkeit autochthoner, schollengeborener Nahrungsquellen. Im Boden liegen die Geheimnisse der Vorfahrenseelen. Gemeinsame Geister der Vorzeit erzeugen durch Nahrung die Siegel ihrer Denkart bei den folgenden Generationen. In dieser Konstanz der Nahrung liegt die Wurzel zu den konstanten Formen der Nationangehörigen. Nationalität ist eine Stammesart in Reinkultur. Nicht nur bei Bakterien sind die Mischkulturen inkonstant und hoffnungslos. Alles Nationale ist Segen, alles Internationale wird früher oder später ein Gift der Nation (vielleicht nicht der „Menschheit"). Ein tiefsinniges chinesisches Sprichwort sagt:

    Die Heimat stirbt auf Reisen!

Auch jeder Glaube, jeder Gott stirbt an fremden Göttern!

Das war auch der geheime Grund vielleicht dieses furchtbaren Krieges, daß er wie Hydraschlangenköpfe Nationen gegen Nationen zur Vernichtung aussendet: im Grunde können Nationen sich nicht verstehen. Ihre Phantasie ist verschieden gerichtet, ihr Gefühlsleben rollt in ganz anderen Kreiselfluten der Seele, ihre Wortsymbole entstammen ganz anderen Sinneseindrücken und haben daher ganz andere Nachahmungslaute, onomatopoetische Analogien. Darum ist auch kein Ausländer übersetzbar, es sei denn durch Umdichtung. In jedem nationalen Wort rauscht etwas von bodenständigen Wiesen und Wäldern. In Pinien ist ein anderes Lied als in Eichen, die See klagt anders vor Felsen als vor wolkenweißem Sand. Die an Naturvorgänge geknüpften geistigen Wendungen (Abstraktionen) haben ungleiche Quellen und andersfarbiges Stromwasser, die geistigen Register (Kategorien) sind anders orientiert. Über „setzen" ist eben ein Landen auf fremdem Strand, wo alles peinlich anders und ungewohnt ist. Da bricht dann plötzlich über den in die Fremde verschlagenen Sohn einer Nation, vielfach zurückgehalten von dem Vorwärtswillen in der Welt, von allem dem, was Verstand, Nutzen, Einsicht, Vernunft ihm eingehämmert hat mit fremdem Prägemetall, die Flut des Heimwehs über alle seine nach Schollengemein-

samkeit zitternden Zellensysteme und wird nie mehr ganz schweigen, überbraust vom Wollen der Welt auch in fremden Zonen; aber nun vielleicht in jener letzten Stunde der mechanisch erklärbaren Hellsicht über ein gelebtes Leben taucht es wieder mit Allgefühl empor wie ein Choral:
> Wär' ich nie aus euch gegangen,
> Wälder hoch und wunderbar!

Heimweh ist eben die Vereinsamung mitten in der letzten Grundes doch unverständlichen Fremde, es ist ein Massenüberfall der Fremdgeister über den Eingewanderten.

Ist einmal der Begriff des Nationalen auf diesem biologischen Wege gewonnen — warum müssen immer Juristen und nie Kenner des Lebens die Geschicke der Völker lenken? —, so ist es meiner Meinung nach nicht schwer, sondern zwingend, den Staat als den Erhalter der Nation zu definieren. Der Staat ist sicher kein biologischer Begriff in so engem Sinne, wie es die Nation ist, er ist eben sicherlich ein Produkt der Kultur. Obgleich man sich im allgemeinen auf das äußerste dagegen wehren muß, daß es überhaupt Dinge extra naturam geben könne, so muß doch trotz endgültiger Alleinherrschaft der Natur begrifflich streng zwischen primären und sekundären Bildungen im Reich des Lebens geschieden werden. Geradeso wie ein Schneckenhaus als ein sekundäres Erzeugnis der Schneckenhaut, die universell gegeben ist, da jedes Lebewesen seine Haut hat, betrachtet werden kann, welches aus der Natur des allgemeinen Hüllenbedürfnisses der Lebewesen herausentwickelt ist, genau so muß der Kulturstaat als ein sekundäres Naturgeschehen, wie alle Kultur, in einem gewissen Gegensatze zu einer Naturbedingtheit der Nation stehen. Es ist das genau so, wie das Verhältnis von Geist zu Natur, und kein Geringerer als Goethe hat immer wieder davor gewarnt, den Geist, die Vernunft, die Seele in irgendeiner Weise der Natur gegenüberzustellen als kardinale Wesensverschiedenheit. Auch der bewußte Geist ist ein Naturereignis, wenn auch ein sekundäres, vom Betriebe der Zellen abgeleitetes, ein Apparat, wie wir sagten, wenn auch ein sekundärer, dessen naturgegebene Grundform die Teilseele einer Virchowschen Zelleinheit war; genau so ist der Staat der Geist der Nation, gleichsam aus biologischen Einheiten ein sekundär abgeleitetes geistiges Wesen. Der Staat ist der Intellekt der Nation, wie es der Geist der der Körpereinheit, der individuell gestempelte Zellrhythmus, ist. Er ist der Apparat der Nationalitätsempfindungen, wie der Geist der Apparat aller Zielstrebigkeiten eines geschlossenen Leibes ist. So dicht wir dieses Thema gestreift haben, es sei ferne von uns, uns hier in staatsphilosophische Betrachtungen zu verlieren, unser Thema ist ausschließlich dem „Ich", dem Individuum, der Persönlichkeit, dem Charakter seiner Stellung im Begriffszwange des Staates anzuweisen. Der Staat ist eine Methode des

Nationalitätenwillens, und hier tritt die Frage in ihr volles Recht, wie hat sich der Einzelwille zu diesem Gesamtwillen zu stellen? Die Antwort ist einfach: in Opferbereitschaft. Unser ganzes schnelles Leben ist am Ende überhaupt ein langsamer Opfertod gewesen für alles, was wir geliebt, erstrebt, erhofft haben. Hingabe an eine Idee ist Leben und Freiheit allein, und Christus' Opfertod ein Symbol eines mit überirdischen Kräften ausgestatteten Gottes, der menschlich wird und stirbt — aus Liebe. Gab es je, auch rein dichterisch, eine vollendetere Paraphrase vom Sinn des Lebens, als seine Leidensgeschichte, gibt es Vorbildlicheres in der ganzen Historie der Menschheit? Trifft irgend etwas sicherer die Bestimmung der Kreatur, von der Algenzelle bis zum Menschen, als dieses Offenbarungsgedicht eines Schuldlosen? Es ist gerade für den Biologen, den vermeintlichen Kenner aller geheimen Lebensgesetze, geradezu überwältigend, wie hier der Trieb der letzten Lebenseinheiten zum Wohle des Ganzen in Wahlmöglichkeit des „Ichs" zum Über-„Ich", stets das Opfer voranzustellen, eine Verherrlichung des ganzen Naturwillens offenbart, daß unser Wille uns nicht allein gehört, sondern einzumünden hat in den Strom des nur ahnbaren, unerkannten Willens des Ganzen. So ist die Stellung des Individuums zum Ganzen der Familie, des Staates, der Menschheit gegeben! Das zahllose Heer der Einzelwesen, den Sinn der Individualitäten, treibt mutvolles, bewußtes Einmünden in den Strom zur Höhe!

DIE GEBURT DES WELTALLSNERVEN
(SYMPATHIKUS)

„Also, Herr! Nach diesem Flehen
Segne mich zu deinem Kinde,
Oder eines laß erstehen,
Das auch mich mit dir verbinde!"

So heißt es im Schlußvers des Pariagebetes bei Goethe, worauf eine unbekannte Stimme, gleichsam ein indischer mystischer Priestervater, die Legende von der Rajagattin erzählt, die schwertgerichtet wegen einer Gedankensünde ihre Reinheit und ihr Leben einbüßt. Das abgeschlagene Haupt der Armen soll durch den Sohn schnell dem Leichnam unter Schwertsegen wieder zugefügt werden, damit das Leben der Schuldlosen wiederkehrt. Aber in der Hast seines Rettungsversuches der teuren Mutter und im Anblick eines inzwischen gefallenen zweiten Opfers der Gerechtigkeit, einer wirklichen Verbrecherin, fügt er das Haupt seiner Mutter auf den falschen Leib. Und nun entsteht ein Riesendoppelwesen, eine Art dämonischen Überweibes, das halb Göttin, halb Paria, das Doppelseelentum alles Menschentums auf das gedankentiefste symbolisiert. In der Tat, bei jedem von uns ist Gott und Dämon, Lichtsehnsucht und Schattenfron, Auftrieb und Erdenschwere in der Brust verankert und geistert, wirkt und wandelt bei Nacht und Tag in ihren Labyrinthen. Das gilt nicht nur vom „Ich", bei dem wir ja die Quelle dieser Verdopplung in Faust und Mephisto,

Baldur und Loki, Achill und Thersites schon in der Doppelgestaltung des Gehirns und seiner gegensätzlichen Funktion entdeckt hatten, es gilt auch von dem, was man gemeinhin unsere menschliche Seele nennt. Obwohl dieser Begriff der Menschenseele, wie wir sehen werden, ein falscher ist, möge er zuvörderst einmal beibehalten werden, zumal er, wie jeder Irrtum, nicht nur in Romanen und Theaterstücken, in Lyrik und Epos fast durchgehends weit verbreitet ist. Man würde überall fast, wo man von Seele spricht, im gewöhnlichen Sinne weit besser Gemüt, Herz, inneres Gefühl sagen können. Denn der vulgäre Ausdruck Seele trifft nicht den vollen Begriff dessen, was wir als eine Kombination von Verstand, Bewußtsein, Ich mit Grundstimmungen des Gemüts bezeichnen. Funktionell, nach unserer Methode der physiologischen Analyse der Gehirnbegebnisse, erhält beim „Seelischen" das Tastenspiel der Ganglienklaviatur etwas wie einen Pendeleinschlag, der also hier nicht im Forte oder Piano zum Ausdruck kommt, sondern dem rein geistigen Mechanismus eine Durchtränkung mit Gemütsmotiven, freudiger und wehmütiger Natur, zuteil werden läßt. Während wir ja wissen, daß alles Verstandesgemäße innerhalb der Elfenbeinschale des Schädels sich abspielt, tritt nun schon beim Vernunftgemäßen eine Verbindung mit dem All auf („Eines laß entstehen, was auch mich mit dir, o Gott, verbinde!"), indem alles egoistische Denken des Vorderhirns mehr oder weniger getönt und rhythmisiert werden kann durch Rhythmus und Richtung, Willen und Ziel des Weltalls, eben dem Allgeist der Natur, dem weder Wunsch noch Abkehr irgendeines Lebewesens sich ganz entziehen kann. Die ständig wechselnde Bindung des Verstandes an die Vernunft, sowie die Schlinge, welche das Gemüt, die innere Stimme, schließlich das Gewissen, das Ethos in uns um die im rein egoistischen Denken überbildeten, geradezu geschwulstartig aufgeblähten Vorderhirnlappen in jedem Augenblick werfen kann und stets werfen sollte, wie kommen sie zustande? Wie können wir mit dem Herzen denken? — eine herrliche Begabung jedes Vollmenschen, von dem leider die Mehrzahl der armen Erdgewächse, die nur nach Nahrung und Besitz streben, freilich nur sehr kümmerlichen Gebrauch macht.

Wo sitzt aber dieses Herz? Denn das Pumpwerk in der Brust kann es doch nicht sein, obwohl offenbar sein Schlag oder Nichtschlag eng mit „seelischen" Phasen veralgamiert, verquickt ist. Es sitzt auch nicht in irgendwelcher Drüse, obwohl deren Säfte, wie wir sehen werden, einen enormen Einfluß auf Stimmungen und Strebungen unseres Ichs erhalten können. Vor allem aber sitzt es nicht im Gehirn, denn wir haben in diesem Kriege die aufeinander gehetzten Menschen im Namen eines Menschheitsdämons allzuviel ruchlose Experimentalpathologie der Hirnverletzung treiben gesehen, um zu wissen: an keiner Stelle des Gehirns oder des Rückenmarks ist ein Tempel des Gefühls, ein Krondach des Gemüts! Die Bindung also (Religion der „Seele", von religere) des Verstandesgemäßen an das Gefühlsgemäße muß woanders gegeben sein, wenn wir nicht annehmen wollen, daß es, wie unser Weltallsleben, unsre Seele im wahren Sinn, die uns gebildet, geformt hat und in Steuerung erhält, gleichfalls metaphysischen Ursprungs ist. Nun, wir wollen es gleich sagen, es ist die Weltall-Marconi-Platte des Sympathikus und seiner Wurzel unter dem Zwerchfell im Sonnengeflecht hinter dem Magen und Pankreas (Bauchspeicheldrüse) um die Nebennieren herum, welche der Träger ist, der Beauftragte, der Geschäftsführer der kosmischen und zum Teil auch der irdischen, himmelgeborenen Mandate an ein menschlich Wesen. Die Griechen hatten also nicht so unrecht, wenn sie die Seele unter das Zwerchfell verlegten, obwohl sie dort in Wirklichkeit ebensowenig thront wie auf dem kleinen Türkensessel an der Basis des Gehirns, in der Zirbeldrüse, wo die Vorstellung der Inder sie eingemietet hatte. Aus welchen Gründen und mit welchem Rechte werden wir noch erfahren.

Was ist nun eigentlich dieses Wundergebilde des Nervus sympathicus, von dem wir schon wissen, daß es seine Zwergenfinger überall hier im Leibe, auch um die Neurogliagespinste der Ganglienzellen, filigranartig eingekrallt hat (s. „Von der Seele" und „Vom Schaltwerk der Gedanken")?

Um dies zu ergründen, müssen wir einen weiten biologischen Weg machen, an dessen Ende wir aber zu einer kostbaren Erkenntnis gelangen werden, welche unseren Überblick über alles Geist- und Gemütgeschehen erheblich vertiefen wird.

Der Kernbegriff, welcher das Lebendige von dem Unbelebten mit freilich nicht allzu scharfem Schnitte trennt, ist die Reizbarkeit. Heutzutage wissen wir, daß freilich auch der Kristall an dieser wie an anderen Lebensäußerungen des organisierten Eiweißes teilnimmt; die Reizbarkeit scheint also keine absolute Scheidung zwischen Belebtem und Unbelebtem zu bedingen. Der Kristall zeigt Heilungsvorgänge, Stoffwechsel, hat einen Nœud vital, eine Art Lebenszentrum, dessen Vernichtung das sogenannte Leben des Kristalls sofort abbricht. Für unsere Darstellung mag es genügen, für das organisierte Eiweiß als Hauptkriterium die Reizbarkeit und ein gewisses Maß von Wahlvermögen beizubehalten. Dieses Wahlvermögen, auf Erlebnisse (Reizungen) hin etwas zu tun oder zu lassen, ist nun der einfachsten belebten Zelle, z. B. einer Amöbe, schon zu eigen. Es unterscheidet sie zwingend von einem Apparat, einer maschinellen Einrichtung. Denn diese arbeitet automatisch, die Zelle aber individualisiert. Sie hat teil an der großen Künstlersehnsucht der Schöpfungsmacht, die bestrebt ist, durch immer neue Formen den Widerstand gegen ihr Vorwärtsdringen zur Höhe zu überwinden. Wenn ein Körnchen Seesand sich einer Amöbe, einem kleinen belebten Bröckelchen, entgegenstellt, so kann die Amöbe seine Einverleibung in ihren Körper (ihren Protoplasmaleib) versuchen, sie kann aber diesen Versuch auch unterlassen. Im Falle der Aufnahme in das Protoplasma, ein Vorgang, der dem Absuchen des mikroskopischen Sandblockes nach Nahrungsstäubchen, z. B. Bakterien-Nukleinen, sehr ähnlich sieht, wird derselbe nach einer individuell verschieden langen Zeit wieder ausgeschieden, d. h. durch phasische, kontraktile Stöße des Protoplasmas aus dem kleinen Molekularteig wieder entlassen. Hat dieser kleine Sandgast keine Nahrungsmittel bei sich, so macht die Amöbe entweder einen Umweg, wieder individualisierend um dieselbe, oder sie überkriecht ihn einfach und schleppt ihr gelatinöses Leibchen über den kleinen Berg kletternd hinweg. Hier ersetzt die allgemeine Zusammenziehbarkeit des protoplasmatischen Leibes die Muskeltätigkeit der Gehirnlebewesen, bei denen also die Hindurchschiebung des Fremdkörpers durch Muskelorganisation geleistet wird. Auch die Motivierung, die innere Fragestellung gleichsam, welche sich die Amöbe vorlegen muß, genau so, wie ein allgewaltiger Bankier auf der Börse: „Soll ich oder soll ich nicht!", wird von dieser zusammenziehbaren Substanz des Zelleibes, eben Protoplasma genannt, geleistet. Hier handelt es sich aber schon um etwas mehr als um Muskelaktion, hier im Gebiet der Wahl steckt schon ein nervöses

Problem: eine Reizbarkeit ohne Nerven. Die molekulare Substanz der Amöbe muß also eine Konstitution haben, welche sie ohne erkennbare nervöse Organe befähigt, Erwägungen anzustellen. Das ist, wenn wir nicht ein rein metaphysisches Vermögen annehmen wollen, nur denkbar, indem wir dieser merkwürdigen Organisation des Eiweißes ein Tastvermögen über sich hinaus in ihr Milieu und in den Kosmos zuerkennen. Sie wird gesteuert nicht durch bewußte Orientierungsorgane, sondern von den Rhythmen des Alls und den Radgetrieben der Umwelt. Sie wird also getragen von den letzten Wellen des Weltgeschehens, sie schwebt auf den Hüterfittichen des gesamten Daseins, sie ahnt ohne Organe, sie pulst und schwebt mit dem Herz der Welt. Sie hat ein Allgefühl, um so mehr, als sie eines Detailgefühls entraten muß. Sie ist ganz irgendein „Es", aber kein „Ich". Dieses „Es", die gesamte Rotationsorgie ihrer gegebenen Rhythmen, determiniert noch völlig ihr Leben, sie ist eingespannt in den Rahmen des Kosmischen ganz und gar, mit Hülle, Protoplasma und Kern. Es scheint wie ein biologisches Grundgesetz, daß dieses Allgefühl keinem Lebewesen versagt ist, und daß es bis in die hochentwickelten Stufen seine allverkettende Macht behält, aber in demselben Maße, als es aus dem steigenden Bewußtseinsgehalt höherer nervöser Leistungen ausgeschieden wird, setzen sich andere bewußtere Funktionen an seine Stelle. Es wird also durch die gesamte

Kette der Lebewesen an dieser Zweiteilung der Orientierungsbetätigung von der Natur festgehalten, auch beim Menschen. Wie bilden sich nun von der einfachen Amöbe aus diese Orientierungsapparate als Sinnentaster für Milieu und All aus? Nun, sie entwickeln sich, indem die ursprüngliche „nackte Reizbarkeit" sich in Nervensubstanz organisiert. Das Protoplasmagebiet gebiert die Nervensubstanz. Wie das geschieht, soll uns hier nicht eingehend beschäftigen, wir wollen nur andeuten, daß es die Infektiosität der Rhythmen in den aufgespeicherten Nukleinen anderer, schon höher organisierter, aber in der Verwesung zerfallender Lebewesen ist, d. h. also solcher, die schon Nervensubstanz angebildet haben, welche im Leibe der Amöbe die Nervensubstanz durch ideoplasmatischen Kontakt, den Erstgeborenen des Geistes überhaupt, einen winzigen Ganglienknoten, erzeugt. Es wächst und kristallisiert sich aus einer Eigenschaft des gesamten Protoplasmas eine Verkettung spezifisch arbeitender Moleküle heraus, welche von da an der alleinige Träger und Überträger ganz bestimmter Reizempfindungen und Reizübertragungen werden: das gilt für die Einzeller wie für die Vielzeller. Sie schaffen in sich protoplasmatische Konglomerate, welche die ersten Drahtbahnen leitender Reizbarkeiten, besondere Konzentrationsstraßen der Erregungsfähigkeit darstellen. Treten mehrere Zellen zu einem Vielzeller zusammen, so werden diese intrazellulären Ganglien kleine

mikroskopische Duodezgehirnchen, durch Nervenstränge miteinander verbunden, d. h. es wachsen die Träger der Reizbarkeit aus den Zellen hervor und sich entgegen. Damit ist die Geburt des Nervus sympathicus vollzogen. Denn es ist der erste organisierte Nervenknoten und sein der Zelle entspringendes spinngewebsfeines Fädchen die erste Andeutung für das höchst komplizierte Filigrannetz, welches auch beim Menschen alle Gewebe, auch das Gehirn durchzieht, und mit denen die Bindung auch eines hochgestellten Gliedes der Organismenreihe an den Kosmos und das Milieu garantiert ist.
Wenn man nun bedenkt, daß das gesamte Tastergewirr der Sinnesganglien auf der Haut, diesem Wachstrikot über der Faserhülle der Leibesform, zusammen mit den verbindenden Strängen aufwärts zum Rückenmarke und zum Gehirn wiederum für sich einen nach außen gestülpten Sternhimmel von rezipierenden leuchtenden, beim Anprall anderer Licht- und Kraftfeldersysteme aufsprühenden Ganglien bildet, so kann man ungezwungen sagen: wir haben jetzt schon zwei Gehirnkomplexe, den des Schädelumhüllten und den des Hauteingebetteten. Die Haut ist eben ein einheitliches mit dem Hirngrau durch Stränge (Achsenzylinder) verwachsenes psychisches Organ, das mit den ebenfalls zum Gehirn auf und ab leitenden spezifischen Sinnesganglien des Seh-, Gehörs-, Geschmacks- usw. Organes eine Einheit

bildet, welche auch demselben Keimblatt, dem Horn-Sinnesblatte entstammt. Zwischen und um diese Einheit nun schiebt sich mit Millionen Zweigtastern und alabasternen Netzchen die ganze Sippschaft sympathischer Herkunft, dessen Universalität noch erheblicher wird, wenn man bedenkt, daß sein Generalkommando allen leiblichen Geschehens an jede Körperzelle, an die der Drüsen nicht weniger als an die der festen Gefüge, wie Knochen und Knorpel, seinen telegraphischen Anschluß hat. Namentlich auf die Drüsen der inneren Sekretion ist sein Einfluß von erheblichster Bedeutung für die Produktion und Eindämmung, für den Überschuß und den Mangel der Säfte, welche wir oben Hormone und Autotoxine genannt haben, an die, wie gleichfalls schon betont, die Harmonie oder Raserei nervöser Tätigkeit gebunden ist. Wenn wir uns erinnern, welch wichtige Rolle die Geflechte des Sympathikus für den Haushalt der Neuroglia, als hemmungs- und stromrichtendes Prinzip (mittels Blutröhrenspiels) zu übernehmen hat, so leuchtet hier wohl zum ersten Male die Bedeutung rhythmischer Übungen der Atmung und des Muskelspiels, Musik und Tanz, für einen geordneten Ablauf der Gefäßmuskelarbeit und damit einer regulären Ganglienein- und -ausschaltung unmittelbar ein. Wir wollen nur für ein zweites Muskelsystem der Neuroglia, dem der Bendaschen glatten Muskelfasern innerhalb des Hemmungsapparates, die Ansicht streifen, daß der

Bendasche Muskel mir nicht so sehr zum Spiele der Ein- und Ausschaltung der einzelnen Gangliengruppen zu dienen scheint, als vielmehr richtunggebend für die Stromkonzentration der Reservekraft, jene schwebende, blitzbereite Aufspeicherung von akkumulierter elektroider Spannung, die, wie wir sahen, vom Ich, d. h. vom Willen aus dirigiert wird. Es ist wichtig, sich klarzumachen, daß das „Ich", die Blitzzone der phasischen Gegenwart, als ein einheitliches Band innerhalb des Hirngraues, sich gleichfalls wie jeder Willensakt hierzu eines Muskelsystems bedient, welches nicht unterbewußt wie der Sympathikus, sondern völlig seinem Träger bewußt eines der drei Orgelregister des Gehirns (das adjektivische, das substantivische, das aktiv-verbale) in Bewegung setzen kann. So bedienen also zwei Organsysteme muskulärer Natur die Ganglien, ein unterbewußtes der Gefäßmuskeln, bedient vom Sympathikus, und ein bewußtes, bedient von dem Hirn- und Rückenmarkgrau. Es ist also ein bewußter Beschluß, eine Beabsichtigung gewisser durch die Erlebnisse erregter Gangliengruppen des Vorderhirns, welche Motive zur Tat, zur Sprache, zur logischen Aussage oder zum Phantasiedurchdenken werden läßt, und zwar mit Hilfe von Hochstromkabelleitung der Hirnspannungsreserveströme, die der Bendasche Muskelapparat so oder so dirigieren kann. Die Aktionen der Ein- und Ausschaltungen der Neurogliamuskeln der Gefäße aber werden kommandiert von Meldungen, Erregungen, rhythmische Beeinflussung der Weltalls-Marconi-Platte. Diese tragen ihre Meldungen nicht bis in die Wahrnehmungszonen des Gehirns, sie sind unbewußt, aber deshalb nicht weniger mächtig und von ausschlaggebender Bedeutung. Wir sehen also hier am Großhirn genau dieselbe Steuerung von Unbewußtem und Bewußtem, die wir schon bei jeder Zelle als ein Plus- und Minussystem erkannt haben, d. h. das Großhirn insgesamt wird nicht anders in der Diagonale bewußter und unterbewußter Motive gesteuert, als jede Zelle, oder umgekehrt ausgedrückt: jede Zelle besitzt genau denselben polaren Mechanismus wie das Gehirn dessen, in dessen Betrieb sie eingestellt ist. Der Organismus der Zelle ist ein kleines Spiegelbild des Gesamtorganismus, dem sie zugehört. Daß die beiden diagonal entgegengesetzten Nervenantagonisten sich gegenseitig beeinflussen können, wird für die Begriffe von Ethik und Erziehung eine entscheidende Bedeutung erhalten. Denn da der Nervus sympathicus auch alle Drüsenzellen, sowohl die der äußeren als auch der inneren Sekretion, beherrscht und an der Heinzelmännchenstätte aller dieser kleinen chemischen Laboratorien beteiligt ist, ja sogar, ohne daß es das „Ich" weiß, die Fabrikation aller dieser Hormone, Fermente und antagonistischen flüssigen Lebewesen nach seinem kosmischen, von der echten Seele vorausbedachten Wissen entfacht und reguliert, so ist er der eigentliche Betriebsdirektor des Lebens des Individuums, wie er einst der Kondensator des nervösen Lebens einer Amöbe gewesen ist. Er beeinflußt also den Gang der hochkomplizierten Maschine ohne Zutun des Ichs, aber, und das ist das Wichtige, das Ich hat auf seine Tätigkeit einen befeuernden, antreibenden, aber auch einen dämpfenden, eindämmenden Einfluß; wenn auch der Sympathikus dauernd im Haine der bewußten Tätigkeiten geistert und webt und sich regt, so ist doch die graue Hirnrinde auch ihrerseits imstande, in den Betrieb des Sympathikus einzudringen, namentlich auf dem Wege des Phantasieregisters, wodurch sich erklärt, daß beim Vorstellen eines Sonnenaufgangs die Pupillen bei geschlossenen Augen selbst im Dunkeln enger werden, warum man mit jemandem Mitleid haben, über fremdes Leid Tränen vergießen kann, beim Examen Entleerungsbedürfnisse aller Art sich einstellen usw. Dann greift eben die Phantasie genau so an die Klingelzüge der Mitleidsnerven wie an die Heberkästen der Schleusentätigkeit vieler Systeme.

Geraten aber die beiden Bezirke des Bewußten und des Unterbewußten gegenseitig in Konflikt, prallt im Vorderhirn der Wille gewaltsam oder dauernd leise an gegen die Wehren und Schutzwälle des Unterbewußten, also gegen den Weltallswillen des sympathischen Nebengehirns, so entsteht ein fast schmerzhafter seelischer Kurzschluß. Das Unbehaglichkeitsgefühl, die Unsicherheit, die

Hamlet-Stimmung bis zur Reue und zur schneidenden Gewissensqual tritt ein, genau so, wie beim Schaukeln oder Schwindel resp. der Seekrankheit, die alle mit schneidenden Empfindungen des Sympathikus im Unterleibe, d. h. aller in der Höhle (Koilom) des Leibes zum Sonnengeflecht vereinigten Geflechte einhergehen. So fein reagiert die Marconi-Platte des Sympathikus schon auf rein körperliche Störungen eines normalen Mitschwingens im Rhythmus des Alls, dem wir unsere Form, unser Wesen, unser Wohlbehagen verdanken, daß schon ungewohnte und schwankende Stellungen zur Erdachse das Gleichgewichtsgefühl der sympathischen Wasserbussolen im Gehörorgan und im Kleinhirn alterieren. Wenn trotzdem das Schaukeln, wie in dem reizenden Gedichte Richard Dehmels, dem großen Freunde meiner studentischen Jugend, „Die Schaukel", ein Gefühl ausgelassener Lust erregen kann, so liegt das daran, daß der Mensch überhaupt es liebt, unter prometheischem Jauchzen die Fesseln zu zerbrechen, die ihn eben an den „Schlafenden da droben", schmerzlich für seinen Freiheitsdrang, ketten. Es gehen ja auch Helden jauchzend in den Tod, es spielt ja der Mensch schon als Kind und in der Jugend gerne mit der Gefahr, ja in gewissem Sinne lernen wir alle am meisten von den Vorgängen, welche uns an den Rand des Verderbens bringen. Das schließt aber nicht aus, daß bei diesem Ansturm gegen das sympathische Gebundensein an den Weltenrhythmus erst physische und psychische Gefühle von Unbehagen, welche Warner sind, überwunden werden müssen. Rein psychisch aber entsteht dieser peinigende Kurzschluß überall da, wo der Wille und die intendierte oder vollzogene Tat mit den Existenzbedingungen des Individuums in Widerspruch gerät, und überall da, wo ein Verhalten gegen die nur dunkel gefühlte Steuerung des Sympathikus Spatenstiche gegen die Wurzeln der Persönlichkeit richtet. Das ist das große Geheimnis der Stimme des Gewissens, vor dem Emanuel Kant staunend stand wie vor dem Sternhimmel, der über uns leuchtet. Für dieses hat er in seinem großen Weltallsgedicht, dem größten, welches je ein Menschengeist ersonnen: „Von der Verfassung des Himmels", den die Pforten des scheinbar ewigen Rätsels öffnenden Schlüssel gefunden; vor den Toren des Heiligtums des Gewissens stand er arm und kopfschüttelnd. Hier aber in dieser Mahnerstimme des Gewissens, in dem bessern „Ich" in uns, in dem guten Engel, der immer wach ist und alle unsere Schritte sorgsam überwacht, haben wir den Herold des Weltgeschehens, der ohne Sprache kündet, nur vielleicht in dem Rhythmus der Musik und anderer Künste seine Himmelsbotschaften offenbart jedem, der Resonatoren dafür besitzt, wirkend durch berauschte Luft, Linien, Form und Farben. Wer dieser Stimme der Weltallslieder zu lauschen versteht und ihr unbedingt folgt, wie dem Zaubervogel, der dem Hirtenknaben im

Walde lockend vorausflog, der wird gleich ihm Zutritt erhalten zu den Wunderhallen der Zufriedenheit und eines Glücksgefühls, das nur ermessen werden kann an dem Orgiasmus der Liebe, bei dem zwei Menschen für kurze Sekunden frei von Kern und Schale ganz in dem Allrhythmus der Natur schweben und die Wonne einer ewigen Seligkeit vorausahnen, die denen nur ganz zuteil werden kann, welche gelernt haben, nicht Klugheit und Vorderhirnarbeit des Verstandes allein das Steuerrad auf dem Ozean des Lebens sein zu lassen, sondern die sich gewöhnt haben, nur das Herz, das Gefühl, das Gemüt als Kompaß gelten zu lassen. Und die einsehen, daß alles, was mit dem Herzen verankert gedacht werden kann, allein imstande ist, ein Leben zu garantieren, welches dem Aufstieg des Ganzen, d. h. aller Materie zur höchsten Herzensgeistigkeit gedient hat. Denn im Einklang zwischen Herz und Verstand nur kann ein volles Leben gedeihen, bei dem das Herz stets den Ausschlag gibt, weil es dem gütigen Willen der Natur zu Hilfe kommt und dafür auch in sich mit dem reinen Glücksempfinden belohnt wird. Denn ein Gott wohlgefälliges Leben führen heißt nicht seinetwillen gut zu sein aus Furcht vor Strafe oder Hoffnung auf Lohn, sondern um des Aufstiegs der Welt willen ohne Überhebung und in Demut sich so sauber fühlen wie ein Kind im Bade.

Wehe aber, wenn dieser Konflikt zwischen Geist und Gemüt zugunsten des sogenannten Verstandes, der an sich für den einzelnen wie für das Volk immer in gefährliche Katastrophen führt, entschieden wird, wehe, wenn der Sympathikus, unterjocht von den Kraftströmen der ganzen Übermacht des Hirnweißes versagt und seine Harmoniesäfte, die Hormone, langsam versiechen müssen, dann klopft an das Tor des Elfenbeintempels von innen her der Dämon, der Wahnsinn, die rasende Schar der Harpyien und Erinnyen; denn ohne die sänftigenden Trostakkorde der Weltallsharfe des Sympathikus ist die Welt ein kreischendes Hammerwerk der Qualen, und ihr Aussehen ist ein einziges grausiges Haupt der Medusa.

Das ist es, was Goethes Genie in seiner wundervollen Legende dem armen, verzweifelnden Paria klarmachen wollte mit dem Auferstehen eines Riesenbildnisses, das sich in unsagbaren Qualen vor dem Brahma und den Parias winden muß, weil ein einziger unüberlegter Schritt des liebenden, hastenden Sohnes ein Wesen spaltete in einen Lichtgeist, der mit dem Geist im Himmel thront, und zugleich die niederziehende Gewalt der Verstoßenen dieser Erde fühlen muß. Da bleibt denn nichts anderes, als das Mitleid Gottes selbst anzuflehen und solchen grausigen Geschickes wegen es den armen Menschenbrüdern zugute kommen zu lassen.

DIE TESTAMENTE DER VERGANGENHEIT

Kein Zweifel, daß der Pfad, auf dem unsere Persönlichkeit entwicklungsgemäß den Aufstieg genommen hat bis zur lebenüberschauenden Höhe des Ichs, plötzlich strichweise beleuchtet hineinblitzt in die Zonen unsres bewußten Alltagsweges. Eine Strebung nach ungewußten, aber doch wie vergessenen, tief verborgenen Zielen bemächtigt sich der Stimmung zu unsrer eignen Verwunderung, welches das Ichgefühl beinahe mit vollem Stillstand seiner Schwingungen begleitet. Es ist, als suche man gleichsam verstruppte Seitenpfade zu dem eben aufleuchtenden heiligen Weg, den ein früheres Ich einst pilgerartig durchschritten. Eine dunkle Vorstellung überfällt uns plötzlich wie der Eintritt einer Sonnenfinsternis des Ichs, als wenn eine Dunkelwolke sich über den Mond schiebt und nun früher gewesenes Licht verschwommen und bleich in das Gefühl von uns hineingeistert. Viele glauben auch, plötzlich Situationen gegenüberzustehen, welche sie genau so schon einmal erlebt haben. Das meine ich nicht. Denn dieses Nocheinmalerleben ist, wie ich das schon in „Von der Seele" ausführlicher auseinandergesetzt habe, gleichsam eine optische Täuschung der Sinne. Unter irgendeinem, die Hemmungskraft des Blutes verringernden Ereignis (Gefäßkrämpfe, Nachwirkungen von Alkohol oder Nikotin, Verdauungsselbstgifte usw.) schließen sich die Ganglienkommunikationen so leicht, genau so schnell aneinander, wie das bei der Erinnerung (ausgeschleiften Bahnen der alten Lehre!) stets geschieht. Hier, bei dem wirklichen Erinnern, rieseln die Erlebnisströme automatisch ungehemmt. Nun schließt das Ich fälschlich aus einer plötzlich durch Gefäßkrampf erzeugten Schnelligkeit des Erfassens einer eben erst erlebten, wahrgenommenen Situation, daß das Beobachtete schon einmal genau so geschehen erlebt sein müsse, weil es sich auslöst wie bei den Funktionen des schon Erfahrenen. Diese Art Rückerinnerung und des Aufleuchtens der Vergangenheit ist also nur ein Schein, eine Täuschung, eine Art falscher Zeitperspektive, eine Verschiebung von Gegenwart und vorgespiegelter Vergangenheit. Anschlußschnelligkeit hat Vergangenheitseinschlag, Anschlußschwere erzwingt Problemstimmungen auf Zukünftiges, noch zu Erwartendes. Was ich unter den Strömungen des Unbewußten unterhalb der wogenden Akkorde der Gegenwartseinspannungen des Ichs verstehe, ist jenes eben nur halb und dunkel deutbare Gefühl: jetzt ist etwas in dir lebendig und wetterleuchtet, was dir teils nicht angehört und teils doch dein eigenstes ist. Es ist, als schwebe das Ich halb auf der wohlgegründeten Erde, halb quelle es urstromgleich aus dunklen Tiefen. Es sind eben keine deutlichen Erlebnisse, die wir staunend in uns hochsteigen fühlen wie ein flüchtiges Scheinwerferlicht, das zuckend über das Meer und den Strand von einem fernen Leuchtturm fällt oder einbricht in das Dunkel eines nächtlich schweigenden Waldes. Das sind die Testamente der Vergangenheit, die eine innere Stimme von ferne flüstert aus einem dunklen Saale, während wir am hellen Tage daran vorübergehen. Das sind jene Verankerungen, welche unsern geistigen Apparat verknüpfen mit den Aufstiegsdokumenten einer oft ferne, ferne liegenden Vorgeschichte unsres Menschentums. Das ist ein dunkles Wissen von Ereignissen, eine Kristallisation des einst von Vorfahren erlebten Begebens, wie es schließlich in jeder Zelle rhythmisch im Nukleinskelett aufgespeichert ist aus Millionen von Erfahrungen der belebten Eiweißsubstanz. Denn in ihren 227 000 Milliarden Molekülen kann alles filmbandartig fixiert bleiben, was eben einst Erlebnis war. Es sind Mechanismen und rhythmische Organisationen, eingestellte und eingefurchte Strommöglichkeiten wahrscheinlich genug bei dieser Unzahl kleinster Lebenspartikel, kleinster rhythmischer Runeneinschriften spezifisch hemmender Splitterchenprismen. So nur allein kann man eine dunkle Vorstellung davon haben, welcher Leistungen die einzelne Zelle bei der Wundheilung und Regeneration, bei der Instinktumstellung, bei der optischen Einstellung, beim Neuersatz wachsender Hornhaut- oder Linsenzellen mit mathematischer Genauigkeit fähig ist. Sie haben ihr Wissen von dem Nötigen durch rhythmischen Anprall der Ereignisse am Chromosom erlernt, diese Ereignisse haben ihre gleichsam instinktive Richtung ihres Willens erzwungen. Was für die einzelnen Zellen gilt, gilt auch für die durch Sympathikusfasern verbundenen Zellgruppen und Organe, und bisweilen in stillen Stunden, meist wo die Ganglienorgel nicht von den Händen der Gegenwart gespielt wird, wo Geisterhände phantastisch nur wie im scheuen tonlosen Tastenstreichen über Akkordfolgen dahinhuschen, taucht ein Vergangenheitsmotiv wie ein über die Wasserfläche emporschnellender Silberfisch ins Tageslicht. Wer jemals die zahlreichen Beispiele kennt, welche der geistreichste Zoologe Dr. Zell für die Erklärung von scheinbar unerklärlichen Tierhandlungen als Folgen weit zurückliegender Zweckhandlungen gegeben hat, wie z. B. für das Scharren der Pferde, das Wittern der Hunde und ihr unaufhörliches Spurenlassen an jeder Straßenecke, das Verbergen der Exkrementspuren bei denselben, den Flug der Brieftauben usw. usw., der wird verstehen, was ich meine mit meiner Behauptung vom Bestand von Testamenten und Dokumenten der Vergangenheit auch in der Menschenbrust. Geben wir einige Beispiele dafür:

Wie soll man es sich erklären, daß die Idiosynkrasie gegen Personen und Gegenstände, dieser unbewußte Widerwillen gegen ganz schuldlose Dinge, zustande kommt? Was löst diesen Abscheu gegen bestimmte Speisen aus? Fragen wir uns einmal, warum wir das Fleisch eines so reinlichen Tieres wie das Pferd durchgehends nur mit Widerwillen genießen können? Dafür hat man bisher gar keine Erklärung gefunden. Aber sollte nicht hier eben die Vorfahrenzeit, in welcher der getreue Begleiter und Diener unserer Urväter, ihr Bewegungsmotor und Ackergehilfe noch innigst geliebt wurde von allen Zeltgenossen, nachwirken? Ihn zu töten, wäre Wahnsinn gewesen, ihn zu verzehren, ekelerregend. Bei diesem Gedanken hätte sich einem Steppenreiter innen alles umgekehrt, die Eingeweide hätten sich gewunden und versucht, den abscheulichen Gedanken rein physisch an die Luft zu befördern durch Brecherregungen. Sollte nun nicht bei uns allen solche Verschmelzung mit dem Lieblingswesen des Vorfahrenhaushaltes noch vorhanden sein, für welche Elektrizität, Benzin und Dampf längst die Liebesketten fortgeweht hat, welche unsre Stammesgenossen der Vorzeit mit der Seele eines zärtlich gestreichelten schönen Rosses eng verbunden haben? Eine Dame vom Lande erzählte mir vor kurzer Zeit, daß eines Sonntags die Mutter ihr triumphierend gesagt habe, heute gäbe es ein gebratenes Huhn, das sie in der Stadt erstanden, in unsern Zeiten eine Kostbarkeit. Die Tochter habe beim Mittagsmahl tüchtig zugelangt, plötzlich habe sie wohl infolge der Zähigkeit des Fleisches der Gedanke gepackt, Mutter werde doch nicht geschwindelt haben, das sei vielleicht ihr zärtlich geliebter Hahn, der der Not zum Opfer gefallen sei. Die Mutter gestand, daß dem so sei, und plötzlich war ihr ganzer Appetit dahin, unter Ekelempfindungen stand sie auf und hätte um keinen Preis der Welt noch einen Bissen vom gebratenen „Geheimrat", des Hofes, wie sie den würdevoll Stolzierenden immer genannt habe, genießen können. Hier ist das als überrumpelndes Erlebnis ekelerregend, was aufleuchtend unsern Abscheu gegen den Genuß von Pferdefleich erzwingt, die testamentarische Verankerung von persönlicher Liebe an das zu verzehrende Lebewesen. Denn einen fremden Hahn hätte sich unsre Gewährsmännin gewiß gutschmecken lassen! Aber ist denn das freudige Händeklatschen eines Kindleins, seine aufleuchtenden Augen, sein jubelndes Beinestrampeln und das zitternde Vibrieren des ganzen Leibchens, sobald es zum erstenmal ein „Hottehüh" erblickt, etwas anderes? Wie flammt hier die Liebe zu etwas nie Gesehenem lodernd empor, was ist das anderes als eine jauchzende Rückerinnerung an die Kindheitszeit des Menschengeschlechts? Wissen, Wissendwerden ist ein Erinnern, sagt Sokrates. Das kommt einem in den Sinn, wenn man die Kindergeste beobachtet, wie sie alte Menschheitsgefühle plötzlich parat haben! Verhalten sie sich nicht genau so beim erstmaligen Anblick eines Lammes, einer Kuh, einer Ziege, eines großen Wachhundes, all diesen domestizierten Genossen unsrer Vorvölker, während in einem Kindlein ein Fuchs, ein Hase, ein Fisch keine so zärtlichen Stimmungen auslöst?

Auf der andern Seite erhalten so viele rätselhaften Abneigungen, Abscheuempfindungen und Idiosynkrasien eine einleuchtende Deutung und Erklärung. Wenn z. B. erwachsene Frauen, welche doch einer Maus wie ein „Riesenbildnis" gegenüberstehen, vor solch einem an sich niedlichen kleinen Tierchen die Flucht ergreifen und sich auf Stühlen und Tischen in gesicherte Höhe begeben, so liegt dem vielleicht oder sogar bestimmt auch ein Urgefühl, eine testamentarische Erinnerung in diesem Sinne vor. Es gab eine Zeit, wo das Erscheinen der ersten Maus oder Ratte (bei diesen ist das Gruseln noch elementarer) den Untergang eines ganzen Dorfes, eines Städtchens bedeutete. Die Sage vom Rattenfänger klingt noch leise heraus aus dem verschütteten Tale der Gewesenheiten! Solch ein plötzlich vorbeihuschendes Nagetier war das Signal, daß Millionen solcher Wesen, die einfach alles auffraßen, Saat, Vorräte, Decken, Geschirre usw., im Anmarsch seien. Die Züge der Lemminge sind historisch völlig beglaubigt. Ja, ich gehe soweit, diesem Instinkte ein vollständiges Wissen um die Beziehung der Ratten und Mäuse zu menschenausrottenden Epidemien, namentlich der Pest im Mittelalter, zuzutrauen. Was heute erst die Wissenschaft festgestellt hat: Ratten sind Pestbazillenträger, wußten oder ahnten die Kinder der Vorzeit längst und übertrugen die resultierende Furcht und den Abscheu vor diesen Boten des Todes als Testamente auf die Erben all ihres geistigen Bestandes. Wer kann die Grausamkeit der Spanier gegen den Stier, wer ihr jauchzendes Vergnügen an den wüsten Tierquälereien bei den Stierkämpfen begreifen? Keine Nation kennt Ähnliches. Wirft nicht die Tatsache einiges Licht in das Dunkel dieses blutheißen Triebes, daß in der Granadagegend Höhlen gefunden sind, welche mit vielen Tausenden von Tierskeletten dieser Stierart gefüllt waren? Sei es, daß hier Erdbeben, tektonische Erdverschiebungen, Lawinen oder was sonst diesen Riesenherden ein Massengrab geschürft haben, es läßt sich begreifen, daß Stiere zu Zehntausenden vereint auf ihren Wanderzügen eine furchtbare Gefahr für jede Ansiedlung waren. Sie wurden gewiß zu Vernichtern Tausender von Heimatstätten. Was Wunder, wenn dem geborenen Spanier die Wut gegen die Bullen im Blute steckt, dieser Haß sich durch Generationen vererbt und sich in einer grausamen Sucht, solch Vieh zu quälen bis zum Verrecken, Luft macht. Wie diese Vererbung sich mechanistisch vollzieht — nämlich durch Rhythmisierung des Nukleins der Zellen durch den Rhythmus des Erlebnisses —, das soll an einer anderen Stelle auseinandergesetzt werden; hier genügt es, auf die Tatsache der Wandlung von Altvordernerlebnisse zum Instinkt der Ururenkel hinzuweisen. Erlebnisse können Instinkte aufheben, aber auch Instinkte schaffen, beides durch Stromumkehrungen in den Chromosomstrudeln. Das ist wohl der Kernpunkt aller Variation und Vererbung! Ist es dann weiter verwunderlich, wenn Sympathien und Antipathien ihren uns unbewußten Grund in Vorfahrenerlebnissen haben? Rassenhaß, Ausländerliebe, Franzosenschranzereien (Friedrich der Große!) mögen darin ihre Erklärung finden. Ein sehr witziger Junge von 12 Jahren sagte einmal, als ich äußerte, ich könne einen Klassengenossen nicht ausstehen, und ich wisse gar nicht, warum: „Vielleicht hat sein Ururgroßvater den deinen mal auf der Chaussee erschlagen!" Das war ein divinatorischer Witz, den ich deshalb reproduziere, weil sich in diesem Unsinn (oder ist es mehr?) das, was ich meine, sehr treffend ausprägt. Könnten wir die wahrhafte Geschichte all unserer Vorfahren nachlesen (jeder hat von Christi Geburt an etwa 12 000) wie unsre modern-psychologischen Romane mit all ihren superfeinen Seelenanalysen und Milieuübertreibungen, so wäre uns in dem Labyrinth unsrer Brust vielleicht das meiste absolut verständlich. Das meint wohl Hebbel in seinem schönen Gedicht „An ein schlafendes Kind" mit den tiefen Worten:

> Könnt' ich in deine Träume sehen,
> So wär' mir alles, alles klar!

DIE PHYSIOLOGISCHEN GRUNDLAGEN ZUR ERKENNTNISTHEORIE

Wir dürften nunmehr weit genug in die Werkstätten geistigen Geschehens eingedrungen sein, um uns daran machen zu können, die größte Zahl allgemeingültiger psychophysischer Definitionen auf hirnmechanistischer Grundlage kurz besprechen zu können, und es wagen zu dürfen, die landläufigen Begriffe dafür in funktionelle Ein- und Umschaltungsprozesse des Schaltwerks der Gedanken aufzulösen. Wobei wir hoffen, daß diesen neuen Definitionen ein besseres Geschick beschieden sein möge, als bisherigen Versuchen der Art. Wir haben aber auch vor den früheren Anläufen zur Einigung über die philosophischen Wortgebräuche für sogenannte Seelenzustände einen gewichtigen Vorsprung, nämlich den einer anatomisch-physiologischen, in den vorherigen Teilen dieses Werkes niedergelegten sicheren Basis einer ganz neuen Betrachtungsweise, die an sich gewiß nicht mehr Wert beanspruchte als irgendeine andere Fiktion oder Hypothese, wenn ihre Brauchbarkeit nicht zu höchst wichtigen Resultaten auf dem Gebiete der praktischen, chirurgischen Betätigung geführt hätte, nämlich der Auffindung neuer Formen der Narkose und der örtlichen Betäubung, welche beide längst die Anerkennung in der Praxis unzähliger Chirurgen gefunden haben. Meine

Methode der örtlichen Schmerzlosigkeit ist direkt abstrahiert von meiner Neurogliatheorie, wie ich das oft bekannt habe, sie fußt auf meiner Anschauung von den Hemmungs- und Einschaltungsgesetzen der Flüssigkeiten gegenüber dem Nervensystem. Meine Narkose mit Siedegemischen konnte nicht gefunden werden, bei der unter mir gemeldeten 60000 Narkosen kein Todesfall sich befand, ohne die Theorie von der Wirkung der narkotischen Substanzen auf die Neurogliafunktion. Daraus resultierten ganz neue Anschauungen über die Natur des Schmerzes als Kurzschlußvorgang sowohl im Nervenleitungs- als im Gangliengebiet der Zentralapparate, eine zum ersten Male schlußkräftige Vereinigung des seelischen wie leiblichen Schmerzes unter einem einheitlichen Gesichtspunkt; daraus erwuchs eine klare Erkenntnis über die Natur des Schlafes und aller schlafähnlichen Zustände, die Erkenntnis vom Wesen des Ichs und vieler seiner Perversionen*. Das ist wohl nur in kurzen Zügen angedeutet — praktisch bahnbrechende Konsequenzen und neue theoretische Erkenntnisse in Hülle und Fülle — Resultat genug, um diese neue mir eigentümliche Denkform

---

* Diese Theorie enthüllte ferner das Wesen der Hysterie, das der Jesuitenschulung und des Drilles, und führte zur Auffindung des Bendaschen Hirnmuskels und damit zu ganz neuen therapeutischen Perspektiven zur Heilung der Hysterien, Neurasthenien, Angstneurosen usw. usw.

zu legitimieren und mir die Berechtigung, nun auch den Versuch einer Neuformung von Denkbegriffen zu wagen, nicht zu bestreiten.

Meine Vorschläge für die neue Postmarkenkonvention philosophischer Terminologie wären also folgende:

Wir wollen fortan den Begriff der Seele aus der Diskussion über die realen psychophysischen Aktionen des Gehirns völlig ausschalten. Sie, die Erbauerin meines leiblich-geistigen Apparates, die unsichtbare, unerkennbare Lenkerin aller Richtungen und Ziele meines individuellen Lebenssteuerrads, die Weberin, welche das goldene Band meiner Lebenseinheit in der Hand hat und allein weiß, wie und in welcher Weise es mich mit dem ewigen Teppich der Allheit verknüpft — sie ist metaphysisch und gehört der dunklen Nachtseite der Erscheinungen an, welche allem Weltgeschehen und -bewegen nun einmal eigen ist, genau so, sagt H. Fricke, der junge geniale Physiker, der kühn genug war, um erfolgreich gegen einen Einstein in die Schranken zu treten, genau so wie der Mond nur eine uns betrachtbare Seite hat. Die andere Hälfte ist okkult für Menschensinne — nicht für seine Ahnung und seinen Glauben — in ewige Nacht gehüllt. So ist auch die Seele metaphysisch und wissenschaftlich ebenso unbetastbar oder unbeweisbar wie Gott. Nur unter Ausschaltung alles dessen, was sie nicht sein kann, wo sie nicht ihren Thron im Leibe oder in allem

Organischen oder Unorganischen aufgeschlagen hat, können wir uns den Tempelpforten nähern, hinter denen wir sie vermuten dürfen. Aber der Wissenschaftler muß mit seinen Meß- und Zählapparaten, mit Mikroskop und Mikrotomen, mit Röntgen- und Radiumlaternenschein beiseite schleichen, denn die Tore des Unbekannten springen nicht auf, dessen Türschließer der Tod ist, der jeden einzelnen erst passieren läßt, wenn er selbst sein metaphysisches Teil geworden ist, d. h. als Seele ohne alle Hüllen ihrer einst leiblichen Manifestierung und Inkarnation zu einem diesseits lebenden Individuum.

Gewiß ist sie da. Sie lebt. Sie stieg herab aus den wallenden Dunstschleiern des glühenden Erdballs, ja herab aus den ungeheuren Kristallhallen des Äthers und seiner ewigen Residenz im All, um an dem großen Werke der Vergeistigung der sogenannten Materie, die nichts ist als Partialwirbel, Quantenstrudel, Schaumtröpfchen oder Ursubstanz des Äthers, bestimmt, die tausendfältig hier innewohnenden Ideen einer gewaltigen Künstler-All-Seele mit reinster, höchster Geistigkeit zu erfüllen und sich zu offenbaren, bis alle Wirbel, alle Strudel, alle dem Äther entglittenen luziferischen und mephistophelischen Zusammenrottungen, alles prometheische Fäusteballen gegen die Urmacht wieder einmündet in die unausdenkbar grandiose Ruhe des ewigen Stroms von Ätherflut, die nur rhythmisch ab- und aufschwillt wie der Odem eines schlafenden Gottes. Dieser Schlaf Gottes und seine Träume sind gewiß real, realer als alles, was wir tasten, sehen und wahrnehmen können, aber wir sind nicht Götter, die den Gigantischen, den Ungeheuren, den Urgewaltigen auch nur am Gewandsaume berühren könnten, uns sind seine Sterne, seine Sonnen, seine Welten, seine Erden nur Symbole seiner nur ahnbaren Größe und Macht. Aber das ist Ahnung, Poesie, Religion — ist andres Gebiet als Wissenschaft, obwohl es die großen Naturen unter den Forschern im Leben nie unbetreten gelassen, im Gegenteil frei bekannt haben, daß hier die eigentliche Heimat ihres vollen Menschentums ist.

Das einzige, was wir tun können, um den Einschlag dieser Seele festzustellen und zu erweisen, ist die sorgfältige Aufspürung von Zuständen und Vorgängen im Körperlichen, die nur durch eine metaphysische Richtunggebung und ein dem Körper unmöglich zuzuschreibendes Zweckbewußtsein seiner kleinsten Bestandteile, der Zellen, in einer Weise agieren, daß sie offenbar von einem geheimen Zügelfädchen der allgemeinen Weltrhythmen mit ihrer unahnbaren Bestimmung zusammengehalten und geleitet werden. Mit andern Worten, da die mechanischen Erklärungen sowie die aus Zufall und Gesetzen der „Natur" (welche Gegensätze!) hier völlig versagen, sind wir gezwungen, mit den Gebrüdern Reinke die Existenz und das ständige Eingreifen einer „Richtung" gebenden, gestaltenden Gewalt im Organischen zuzugeben, eine Kraft, die, wie wir sahen, als eine Idee, als Idea plastica, formativa, als ideoplastische Substanz, also als einen geistigen Urgrund der Dinge dargestellt haben. Die Beweise für die Möglichkeit des Entstehens der Welt aus Ideen haben wir in unserm Buche „Gedankenmacht und Hysterie" sowie aus dem „Die Hysterie, ein metaphysisches Problem", sowie an zahlreichen andern Stellen niedergelegt. Hier soll nur noch einmal betont werden, daß die Brücke, auf welcher für die belebten Wesen der Zauberfuß der Individualseele die Gehege des Körpers betreten hat, der Nervus sympathicus ist, welcher dementsprechend noch die unmittelbarsten Motive des Weltgedankens in sich enthält und sie auf alle Organsysteme überträgt. Er ist der Vermittler des Weltwillens schließlich zum Willen des einzelnen; er weiß um höchste Mathematik, Optik, Chemie, Kunst, Architektur, Dinge die kein noch so gelehrtes Ich bei sich je aufzubringen vermag.

Nach diesen Vorbemerkungen wollen wir nacheinander vom Standpunkte gleichsam eines Gehirningenieurs folgende Fragen zu beantworten suchen: Was ist Geist? Was ist Verstand? Was ist Vernunft? Was ist Sinn? Was ist Gefühl? Was ist Gemüt? Was heißt es: Mit dem Herzen denken? Was sind Stimmungen? Was ist Ethik? Was ist Gewissen?

Die Funktionen der Logik, der Phantasie, des Humors haben wir schon andrenorts besprochen, und es soll das dort gewonnene Resultat den folgenden Definitionen zugrunde gelegt werden. Bei der Definition dessen, was wir Geist nennen wollen, müssen wir einmal für den Augenblick absehen davon, was außerhalb des einzelnen Individuums alles noch als Geist bezeichnet wird, so der Geist einer Nation, einer Versammlung, einer völkischen Einheit, einer Sprache. Ferner von Begriffen, wie Geist der Natur, der Wasser, der Wolken usw. und von den metaphysischen Anerkennungen von Geistern aller Art. Jedoch bedarf der Begriff des Allgeistes, der fast stets gleichbedeutend mit Allseele gebraucht wird, besonderer Berücksichtigung. Wir wollen den Begriff Geist aber zuvörderst streng als den Geist eines einzelnen Menschen, als unsern eigenen Geist, den Geist, den wir begreifen, weil er uns selbst gehört, abgrenzen gegen dasjenige, was wir unsre eigene Seele nennen. Da wir die Seele als etwas Metaphysisches bezeichnet haben, schlagen wir vor, diesen Begriff für die physiologischen Definitionen überhaupt zu streichen und an seine Stelle die Begriffe Gefühl, inneres Gefühl, innere Stimme, besseres Ich, mein Gemüt, mein Herz usw. zu setzen, dessen funktioneller Sinn dann der scharfen Umrahmung bedarf. Denn offenbar kann unsre Individualseele nur ein Teil der Allseele sein, die identisch ist mit der Gesamtidee der Schöpfung, welche jedem Belebten einen goldenen Faden zusendet, an dem die Individualität, als sein Strahlenbündel gleichsam, angeschmolzen erscheint, und welcher der eigentliche Baumeister der Persönlichkeit genannt werden muß. Nach dieser Anschauung ist die Idee jedes Individuums im Schöpfungsplane des Alls stets vorhanden gewesen, im fliehenden Ozeane der Ursubstanz ebenso wie in seinen Wirbelkonzentrationen aller Kräfte, in den Sphären der Gestirne ebenso wie in den Metalldämpfen, die über der schwebenden Urerde lagen. Die konstruktive Idee meines Ichs, meiner Individualität, meiner Persönlichkeit, Leiblichkeit und Geistigkeit muß stets vorhanden gewesen sein, wenn es wahr ist, daß nichts entstehen kann, dessen Idee vorher nicht irgendwie voraus existiert hätte; das ist ja der Platonische Kernsatz, für welchen wir eben den realen Beweis in der Pathologie der Hysterie erstmalig aufgedeckt haben. Von Anbeginn der Welt war mein Geist und Leib gedacht, und die Idee hat sich langsam durch die mittels der Entwicklung immer komplizierter gewordenen Hemmungen hindurchgerungen: sei es nun, daß ich ein Traum eines ruhenden Gottes bin, dessen Zellen die Sterne sein mögen, sei es, daß ein völlig bewußter Geist diese Wunderwelt mit ihrem Zauber und ihrer Qual erschaffen hat. Im ersten Falle wäre das Schlechte, das die Welt aufweist, ihre dunkelböse Nachtseite, die Macht des Widergeistes resp. des Teufels, vielleicht ein Gott beängstigender Traum, wie auch wir und unser Geschick. Was Götter träumen, wird Gestalt, ein phantastischer Einfall Gottes kann die Phänomene des Seins realisiert haben. Im anderen Falle enthält alles Böse einen uns unerklärlichen Plan der Allmacht, falls wir nicht von vornherein zwei miteinander ringende Mächte anerkennen wollen, Gott und Teufel, was logisch die absolute Allmacht Gottes (aber auch des Teufels) antasten würde. Immerhin würde diese Anschauung menschlich dualistisch denkbarer sein als die monistische. Wenn Gott und Teufel um die Suprematie der Weltherrschaft ringen, so wäre die Folge, daß alle Ethik sich auflöste in eine Verpflichtung des Menschen, Gott in diesem Kampfe mit allen Kräften beizustehen. Nicht wir können uns erkühnen, ihn um Hilfe anzurufen, sondern er ersehnt, hofft, verlangt unsern Beistand, weil sein Widerpart (physikalisch gesagt: die Hemmung) dauernd am Werke ist, seine Pläne (die Vorwärtsrichtung der Kraft) dauernd zu durchkreuzen. Nur der Wille der schon durchgeisteten Materie kann ihm helfen, den Sieg zu beschleunigen. Der ungeheure Gedanke des Mitleids mit Gott, das wir empfinden, enthält doch unsre ganze sittliche Bindung, es ist die eigentliche Quelle des kategorischen Imperativs. Denn eine kleine Arena dieses gigantischen Ringens der bösen Mächte ist jede Menschenbrust, der Entscheidungskampf fällt in die riesenhafte Arena des ganzen Weltalls. Wer jeden kleinen Kampftrick des bösen Fechters in sich, seine Finten, seine Verlockungen mit stets wachem Auge zu parieren sucht, der ist ein Faust, um den Gott mit Mephisto gewettet hat. Lernen wir es langsam, den guten Geist des Alls an keiner Kampfstätte die Wette verlieren zu lassen, so haben wir unsre Erdenpflicht erfüllt, und dieser Entschluß kann jeden Augenblick einsetzen, dann helfen wir Gott und dem All!

Dasjenige organische System nun, welches uns die Impulse, den Willen des Alls, seinen Rhythmus übermittelt, die Strombahn, auf welcher Richtung und Ziel der Welt unbewußt ihre Marconi-Weisungen im konstanten Wechselstrom dem geistigen Apparat übermittelt, ist, wir wiederholen es immer wieder, der Sympathikus, der diese Weltallstendenz in feinsten Filigranzweigchen bis in jede Zelle jeden Gewebes, auch zu den Ganglien des Gehirns gelangen läßt. Der Nervus sympathicus und seine Zentrale im Plexus solaris (Sonnengeflecht unter dem Zwerchfell in der Tiefe der Eingeweide). Der Konflikt der individual-egoistischen Vorderhirntätigkeit mit ihren Bestrebungen, nur dem Ich, dieser leicht abschweifenden Synkope des Gesamttaktes des Lebens, zu nutzen und zu dienen, mit dem Grundrhythmus des Alls und seiner Hochspannung zum ewigen Steigern alles Erreichten, dieser Konflikt ist das Gewissen: ein Kurzschluß zwischen dem Zerebrospinalapparat und dem Sympathikus. Hier liegt der feine Mechanismus aller sittlichen Steuerung klar zutage. Denn nicht nur die Naturgesetze binden uns an die Harmonien der Weltsymphonie, auch menschliche Gesetze sollten nie etwas anderes sein als eine Kristallisation, als eine Art Kontrapunktik jener ewigen. Wo sie es nicht sind, kann gerade aus einem reinen Gewissen heraus der Konflikt mit den Gesetzen eine sittliche Pflicht sein: das ist die Tragik der Märtyrer.

Nach dieser unerläßlichen Abschweifung gleichsam in die Physiologie der Ethik, die also im Weltallsrhythmus verankert ist, dessen Metronom (Taktmesser) gleichsam die Pendelschläge des Sympathikus sind, wenden wir uns dem Geistbegriffe wieder zu.

Unser Geist ist danach — im Gegensatz zur Seele — an einen absolut uns bewußten, zum Teil sogar steuerbaren Apparat gebunden. Er ist das Resultat der Gesamtarbeit aller Ganglien- und Nerventätigkeit, sein Wesen ist eine erkennbare Funktion nicht allein des Gehirns, sondern aller nervösen Aktionen, die in der Ichzone der Ganglien besonders kristallisiert erscheinen. Auch der sogenannte Weltgeist hat eine solche uns zugekehrte, belichtete, erkennbare Tagesseite, in der sich Mechanismen abspielen (sämtliche Kräfte, Umlauf der Sterne, Funktion der Naturgesetze), und unser Ganglienapparat ist nichts als eine Vereinigung spezifischer Hemmungen, Widerstände, Prismen und Äolsharfen, in welchen der Geist aller Dinge, ihre offenbarte Idee, zu unserm Geiste spricht, in denen das Geistige der Erscheinungswelt, in die Geistigkeit der menschlichen Empfindungswelt umgesetzt, transformiert wird. Auch hier stellen wir also die Allseele über den Allgeist, auch Allgeist ist schon eine Ideenkonzentration, Ätherwirbel der Ursubstanz, wie unser Geist eine durch den Sympathikus gelieferte Inkarnation unsrer Individualseele ist. Der Sympathikus hat eben aus seinen Gangliensprossen, als Urgehirn, unsre Gehirnzellen entwicklungsgemäß herausgebildet.

Als erstes schuf sich die Seele den Sympathikus, ein unbewußtes Gehirn mit dem Willen des Allgeistes begabt, dieses Gehirnes Abkömmling sein Sproß ist das Schädelhirn, und von ihm stülpte sich das Hautsinneshirn polypenfasernartig in das All zurück.

Auf Grund nachfolgender Tabelle nun können wir folgende Analysen vornehmen:

Die Allseele ist der Urquell alles Geschehens. Er ist metaphysisch. Seine Er-Ahnbarkeit ist Sache der Religion und Kunst. Alles, was diesseitig, menschenzugänglich an ihr ist, ist Allgeist, ist der Beginn rhythmischer Strudel und Wirbel, welche die Kräfte und ihre Widerstände, den Stoff, erzeugen. Der Geist der Welt entsteht durch Bewegung im ruhenden Äther. Von diesem Geiste kann die Wissenschaft nur insofern etwas sagen, als sie die sogenannten Bedingungen studieren kann, unter denen

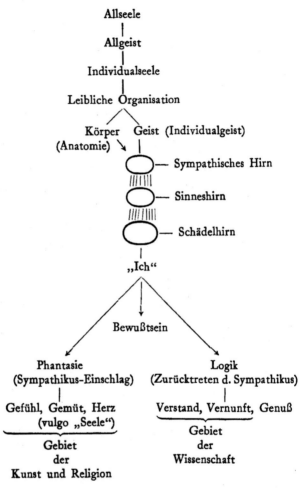

sich der Allgeist, die Urkraft äußert, manifestiert
Geist ist gewissermaßen der Apparat des Äthers,
wie unser der der Seele ist. Alle Kraft ist durch
Widerstände gehemmte Bewegung. Leben ist auch

eine, und zwar spezifische Hemmung in der organisierten Eiweiß- und in der Nukleinsubstanz, gegen welche die Ideenwelt des Allgeists anbrandet. Von der Allseele können wir auf der andern Seite ihre Zersplitterung in Milliarden von Teilseelen, Individualseelen ableiten, gleich einem ungeheuren Büschel von goldnen Gespinsten, deren jedes auf eine Wesenheit den Strom der Allseele in die einzelnen Moleküle oder Zellgebiete, in Substanz oder Organisation hineinleitet. Das ist die präformierte Idee vom Stoff und von der Individualität eines jeden, welche sich die leiblichen Widerstände erst erschaffen hat und vermöge ihrer Manifestation durch den Sympathikus das Oberkommando über alles Geschehen im Organismus vorbehält. So ist das Gehirn und so in ihm das Bewußtsein entstanden. Das Bewußtsein ist das Innewerden des Ichgefühls, wobei die aufglühende, gereizte Zone des „Ichempfindens" von den unbeteiligt gebliebenen (Ganglienzellen und Gesamt-) Gehirnteilen fixiert wird als eine innen betrachtbare Quelle von Lichtreizen, als ein Objekt, welches analysierbar und beurteilbar ist. Bewußtsein ist also ein Lautsymbol für einen innern Vorgang, wie schließlich jedes Wort ein Versuch ist, den innern Vorgang andern mitteilbar zu machen. Das geschieht mittels einer Überleitung erregter Zellgruppenströme auf das Sprachzentrum. Hier wird das entsprechende Symbol für diesen innern Vorgang durch Mischung von Konsonanten und

Vokalen gesucht. Man sagt etwas „aus", her „aus", was innen physiologisch vorgegangen ist; darum ist die Sprache oft so verräterisch für die geheimsten innern Geschehnisse im Hirnapparat. Wir haben schon oft darauf aufmerksam gemacht und erinnern uns hier nur an den Sinn der Worte „Gegenwart" (die Ichzone wartet einem Reize entgegen), „Begriff" (die Umdeutung körperlichen Eingreifens in die Phantasiezone), „Gegenstand", „Objekt" (das der Betrachtung Entgegenstehende, Entgegengeworfene), „Augenblick" (die Auflösung der Zeit in Sekundenwerte, d. h. der Spanne Zeit, in welcher das Ich seine Einzelblitze erhält), „Eindruck" (eine Prophetie dessen, was man eine Filmaufnahme in der Nukleinsubstanz der Ganglien, eine Photographie der Erlebnisse nennen könnte), „Vergangenheit" (die Zeit, die sich in die Ewigkeit verloren, verirrt, vergangen hat), „Zukunft" (die Zeit, die sich auf uns herabsenken, herzukommen wird zu unserem Erinnerungsfond) usw. Es hat einen eigenen Reiz, diesen Dingen ohne gewalttätige Konstruktionen nachzusinnen, und ich gestehe offen, daß vielfach, wo mir Erfahrung und gleichsam eine innere Anatomie der Ganglienapparate keinen Aufschluß gaben, das einfache Wort mit seinem verborgenen Sinn den Aufschluß über den physiologischen Mechanismus eröffnet hat. In jedem Worte muß schließlich so die kurze Symbolisierung und Beschreibung eines innern geistigen Geschehens eingelassen sein, wie in unsre

Brust ein Herz, wie in unsern Zellen das Herz des organisierten Eiweißes, der Kern. Daß es nicht bei jedem Wort mehr möglich ist, diesen Kern auszuschälen, liegt an unsrer konventionellen Durchmanschung der Sprache mit Entlehnungen, Verstümmelungen, Verschiebungen aus Lässigkeit und Bequemlichkeit; so z. B., wenn aus dem Moorgebiet echt berlinerisch „Moabit" nach den Regeln des Grimmschen Lautverschiebungsgesetzes geworden ist. Es gibt eine Psychologie der Sprache und eine Lehre von der Geburt der Worte, welche zu analysieren ein Menschenleben allein ausfüllen könnte.

Es ist ja ein Teil der Absicht dieses Werkes, an die Stelle der Wortsymbole physiologisch-elektrische Prozesse zu setzen und zu erkunden, inwieweit die anatomisch gegebenen Ganglienapparate ausreichen, ihre Lichtsignale als die offenbaren Quellen allen geistigen Geschehens aufzufassen und umzudeuten. — So hat sich also unsere Individualseele zu ihrer Manifestation das Geflecht des Nervus sympathicus geschaffen, und aus diesem ist in langer organischer Entwicklungsreihe der Ganglienapparat geworden, an den nun alles geistige Geschehen gebunden ist, der Denkvorgang nicht weniger wie der Sinnesvorgang. Man kann also sagen, der ganze geistige Apparat wird zusammengesetzt aus drei großen Gehirnen, sofern wir eine organisatorische Anhäufung von Ganglienzellen, gleichsam von drei großen Maiglöckchenwiesen oder Ganglienkornfeldern Gehirn nennen wollen, ein Schädelgehirn mit Rückenmarkswurzeln, ein Sinnesgehirn mit Wurzeln im Schädelgehirn und ein sympathisches Gehirn, welches die Brücke bildet und jede Zellorganisation umspinnt. Diese drei Gehirne funktionieren, wie wir sehen, wenn die Ichzone phasisch aufleuchtet, und der Registrator dieses Aufleuchtens ist das Bewußtsein eines Individuums. Die geistigen Mittel unseres Ichbewußtseins, gleichsam das Handwerkzeug unseres Geistes, sind Phantasie und Logik, deren Funktion wir schon im Werke „Gedankenmacht" gegeben haben.

Ist die Funktion der Phantasie tief gegründet in den rhythmischen Grundstimmungen unserer ganzen geistigen Existenz, mit den Urgefühlen des Sympathikus, dem Träger des Weltwillens, der Richtung des Sinns des Alls, dem Künder der Ziele der Welt ohne Worte, dieser Steuerung des Einzelnen im Ozean der Ewigkeit, so erhält die Phantasie auch Einschlag vom schönen, hohen, idealen Rhythmus der Allseele, unser Sinnen wird zum Gefühl, zum Gemüt, zum „Herzen", welche alles Ausdrücke sind dafür, daß beim Rückkonstruieren der Welt und ihrer Erscheinungen ein leiser Zug von Wehmut in die rauschenden Akkorde der kalten Betrachtungen fällt, eine Empfindung von tiefinnerster Bedrohung und Gefährdung des armen kleinen Ichs im ungeheuren Meer der Schicksalsmöglichkeiten, eine Art Schauer vor dem ungeheuren Mißverhältnis zwischen dem Ich und dem All und eine Tönung von Mitgefühl und Mitleid mit allem Geschaffenen. Es ist, als wenn wir, die andern, das Fremde und die ganze Welt uns ein wenig leid tun, wenn unser Herz spricht und wir darum alles daransetzen müssen, jedem Wesen, von der Geliebten bis zum Feinde, von der Blume bis zum Stern, etwas von Güte, Verständnis, Hingabe und Opfer zu zeigen. Das heißt „das mit dem Herzen denken".

Da, wo unser geistiger Apparat wesentlich mit den Betriebsstätten beider Hirnhälften durch Vermittlung des Querkabels ohne gewöhnlichen Anteil dieser Urgefühle und Grundgefühle des Sympathikus arbeitet, funktioniert der „kalte" (wie bezeichnend diese Entlehnung aus dem Hautgefühl für geistige Wesenheit!) Verstand ohne Gemütseinschlag. Die Vorderhirn-Mentalität ist allein am Werke, so bedrohlich, weil sie ermöglicht, die Welt nur real-egoistisch zu betrachten und das eigentliche Sprungbrett zum Wahnsinn des Einzelnen und der völkischen Gesamtheit darstellt, denn ein Herausheben des „Ichs" aus seinen Verpflichtungen dem All gegenüber, die Auffassung, man persönlich sei die Hauptsache des gesamten Lebensumkreises, unser Glücksgefühl oder Unglück entscheide die Weltlage, ist phantastische Denkentartung. Die Rückeinspannung des „Ichs" in die ungeheuren Weberspulen einer Weltgemeinschaft und ihre Ziele besorgt der Sympathikus, der hemmend dem größenwahnsinnigen egozentrischen Drange sich entgegenstemmt, mahnt, warnt, die Gefahr des rhythmischen Herausgeschleudertwerdens aus dem Takt der Weltsymphonie anzeigt. Der Konflikt zwischen diesem isolierten Egoismus und der Steuerung des Alls macht das Gewissen aus, und die Durchspinnung des Teppichs des Verstandes mit den webenden, sichernden und erhebenden Fäden, die Bindung an die höchste Macht, welche das Ziel aller Dinge im unbewußten Busen trägt, ist die Vernunft.

DIE DÄMONIEN

Der Geist der Griechen, ihr besonderer Anschauungsapparat hat der Welt dies Wort beschert. Dies Volk, dessen eingeborene Weltanschauung von einer Tiefe und Eindringlichkeit war, daß keine Kultur nach der ihren den Reichtum und die Zündkraft ihrer Begriffe je wieder entbehren kann, welche zu vielen Hunderten die Sprache aller noch lebenden Kulturvölker durchrieseln wie Adern im Marmor, wie Feuersteinzonen im Kalklager, woraus allein die Unentbehrlichkeit der sogenannten klassischen Bildung erhellt, dieses Volk hatte einen staunenswert naiven und doch so hoch künstlerischen, bildhaften Dichtersinn, daß es kaum einen Vorgang der Natur oder des Geistes gibt, den die „alten Griechen" nicht mit irgendeinem legendenhaften Märchen, mit einer phantasiedurchsättigten Symbolverdichtung den tiefen Träumen der Nation sinnfällig zugrunde gelegt hätten. Da führte Helios auf goldenem Wagen seine Rosse aus der Garage Jupiters an jedem Morgen in der Frühe und abends in den finstern Stall der Welt zurück, da waren die Seuchenursachen Pfeile aus Apollons Köcher, die über das Volk ($επὶ\ τὸ\ δῆμος$) ausgeschüttet wurden, was lebhaft und wunderschön die winzigen bazillären, kleinen Lebewesen der Luft symbolisiert, und dem Genius epidemikos, dem Dämon, der „über das Volk kommt", eine noch heute gültige Existenz garantierte, da war das Echo das Weib, das nie von selber zu reden beginnt, doch einmal angesprochen, nicht wieder aufhören kann zu schwatzen, da waren die Bernsteinstückchen Tränentropfen, die die Schwestern Phaëtons in das Meer weinten, als sie ihren Bruder unerlaubt den Helioswagen besteigen und jäh abstürzen sahen aus der nicht beherrschten Flugbahn der Sonne, da war die unheimliche Glut, die Sommermittags über Feldern und Wäldern lag, der Schlaf des großen Pan, und so weiter in schier unendlicher Kette. Dieses Volk von geborenen Dichtern von Balladen, Legenden und Elegien, die alle Realitäten des Lebens in wundervolle Schleier hüllten, dieses Volk von Aristokraten der Idee und Kunst beseelte eben alles, was Auge, Ohr, Gefühl mit Motiven überschüttete — unser kalter physiologischer Anreiz war ihnen ein proteusartig umgewandeltes Wellenreich, das an dem Wehr ihres Geistes aufsprühte zu Märchenschaum und Ideenbrandung, zu einem bunten Spiel der Sonne in Millionen Tautröpfchen ihrer Ganglien. So waren auch die Vorgänge im Labyrinth der Brust, alle Innengeschehnisse und -zustände getragen von Geistern und Geistwesen, die Laren waren Gottheiten der häuslichen Behaglichkeit, der Reiselust, der religiösen Gefühle, Furien die Götter der Reue und der Seelenpein, Musen und Charitinnen die Feen der Kunst und Freude, die Parzen des Schicksals Spinnerinnen, und die Mänaden und Dämonen die Nachtgeister seelischer Abgründe und Klüfte des Unheils. Die Furcht, die gestaltete Unheimlichkeit dräuender Schrecknis und des Entsetzens war das Gorgonenhaupt, welches in Gold geprägt des Achilleus Schildfront voranleuchtete. Solche Dämonen waren eben eingedrungen in das Gefüge und die Gemächer des Ichs, wenn geistige Abnormitäten irgendwelcher Art aufleuchteten wie Irrlichtschein und Elmenfeuer aus dem dunkeln Rasen der Seelenwiese. Aber nicht nur den Nachtseiten des Lebens gehörten solche Dämonen an, sondern auch abnorme, immerhin unheimliche Geister eines auffälligen Könnens, eines unbegreiflichen schöpferischen Künstlerwesens waren Fremdlinge der Seele. Und wir können der sinnigen Logik der Griechen getrost folgen, wenn auch wir das ungeheure Gebiet geistiger Abnormitäten, die wir hier physiologisch zu analysieren haben, in zwei große Gruppen teilen, in die Welt der guten und bösen Geister. Das Eudämonion des Genies zum Beispiel gehört unbedingt zu jenen, gewöhnlichen Menschenkindern des normalen, gesunden Durchschnitts auffallenden Wesenheiten, welchen ein gewisser, halb frommer, halb umschielender Schein von Unheimlichkeit und Verdächtigkeit anhaftet. In das Bewundern der Genien, diesen Herolden der Götter, mischt sich Ergriffenheit mit Abkehr und eine gewisse leichte triumphierende Schadenfreude, die trotz all dem Menschenwunder, das sich hier offenbart, leise Gott dankt mit dem merkwürdigen Pharisäertum der Gesundheit, nicht so zu sein wie jener, von dem sie fühlen, daß vielleicht ebensoviel Fluch wie Segen über seinen erstaunlichen Geistigkeiten liegt. Alle Zustände der Begeisterung, der Ekstase, des Berauschtseins in gutem Sinne, des Fanatismus, des Hingerissen- und Ergriffenseins, der Beeindruckbarkeit durch Ereignisse und Faszinationen durch Persönlichkeitszauber — sie liegen alle innerhalb der, wenn man so sagen darf, positiven Dämonien, sie gehören zu den eudämonologischen Zuständen, sind Adern einer Eudämonie, einer wohlorientierten Hingabe an etwas anstaunbar Schönes des Daseins, sie haben einen Siegeldruck der Bestimmung und Berufung zu etwas Höherem, die Weihe eines Mandats, einer Mission des Gesamtgenius der Menschheit. Dahingegen ist die eigentliche Dämonie eine geistige Perversion, ein Stigma der Verworfenheit, das Offenbarwerden eines Ausgestoßen- und Abgetrenntseins von der gesunden Gleichartigkeit der Mitlebenden, ein Ausgeschleudertsein aus dem Rhythmus des Normalen, eine Blendung oder Verzerrung des Blicks für die sogenannte vernünftige Gesinnung und Handlungsweise des harmonischen Spießbürgertums, dessen Harmonie, der Dreiklangsakkord von Familienleben, Nahrung und Berufstum, nicht gestört sein will.

Wir werden uns also zu fragen haben, zunächst gemäß unsrer schon auf so vielen Gebieten psychischen Geschehens bewährten Methode, welcher

Art physiologische Vorgänge am Apparat unsres geistigen Ablaufs gegeben sein müssen, um diese Art eudämonischer Spannungen von Erhobensein und von Übersteigerung des rhythmischen Gleichgewichts unsrer Gemüts- und Verstandeslage hervorzuzaubern, die sich ja normalerweise wie zwei Schalen an der Wage gegenüberschweben. Und da wollen wir uns zunächst daran erinnern, daß wir im Körper ja Stoffe produzieren, welche gleichsam als Betriebssteigerer und Erhalter und Förderer der Organtätigkeiten für den Ablauf unserer Geistigkeiten eine gewaltige Rolle spielen. Das sind die Hormone. Wir hatten sie gleich den Fermenten des Leibes, wie Pankreassaft-Trypsin, Magensaft-Pepsin, Gallensaft-Cholin, gleichsam für belebte Flüssigkeiten angesprochen; belebt, weil kleine Mengen davon genügen, um für lange Zeit und in großer Ausdehnung ihre zweckgemäße, segensreiche Organarbeit zu verrichten. Denkt man sich nun vermöge des sympathischen Nervengeflechts, welches ja der eigentliche Kommandeur und Direktor aller Saftfabrikationen in den geheimnisvollen Braustuben der Drüsen ist, Rhythmen rein geistiger Natur in ihnen erzwungen durch die Macht einer Idee, einer Persönlichkeit, einer gegebenen psychischen Ungewöhnlichkeit, einer eigenen „infizierenden" Situationsspannung und solche rhythmischen Stöße weitergegeben in die Kammern der Hormonsaftbereitung, so können diese Betriebssaftvermehrungen im Blute am Ganglienapparat einen Hochschwung der Funktionsleichtigkeit, eine Steigerung der persönlichen Betriebsleistung, eine höhere Intensität der Geistigkeit überhaupt vermitteln, die unschwer aus den oft besprochenen Funktionen der Neuroglia und der Ganglienharfe sich erklären läßt. Das führt dann zu einer Leichtigkeit der Anschlüsse, zu einem Tempo der aufzuckenden Ganglienlämpchen, zu einem Dahinrasen der kleinen Blitzzüge über die Gleise der nervösen Zellstationen, daß eine Gehobenheit des Gefühls vom Ich, ein inneres tiefes Bewegtwerden, eine Steigerung der Persönlichkeit resultiert. Das ist der Sinn des Berauschtwerdens im guten Sinne, ohne Alkohol, ohne Exzitantien außerhalb des chemischen Laboratoriums der eigenen Fabrikstätten in den Schächten des Leibes, das der Sinn der Ekstase, des Fanatismus, des Ergriffenseins unseres Ichs von der Macht der Ideen und dem Zauber einer berauschenden Menschennatur, sei es ein Dichter oder sein Werk, ein Instrumentalmeister oder ein Maler, oder überhaupt ein Vollmensch mit ungewöhnlichen Gaben, ein Redner, ein Agitator, ein Priester, ein Arzt. Ja, so kommt eine unserer heiligsten Massenemotionen, der Patriotismus, zustande, der die Gemüter hochsteigert bis zum höchsten Opfer, das der Mensch zu bringen hat, dem seines Lebens. Überall wirkt hier eine Idee zündend, befeuernd, ansteckend, aufreizend, durchglühend und stets mit demselben Mechanismus des Zustroms vermehrter Hormonsäfte zum Blut. Es sind Begeisterungsgifte, Optimine, Euphorine, welche hier durch die Sympathikusanrufe in den Krypten der verschiedensten Drüsen in höchster Menge gebraut werden, und welche Sporen und Peitsche haben, um Millionen mikroskopischer Ganglienpferdchen in Trab und Galopp zu treiben. Wo in jedem einzelnen Falle diese Hormone geboren werden, das kann die Wissenschaft heute noch nicht genau präzisieren, wird es aber sicher einst aufdecken. Heute wissen wir nur, daß erhöhte Aktion z. B. der Schilddrüse, der Sexualdrüsen gewisse Aufgeregtheiten bedingt, welche sich durch Ganglienerregung des Bewußtseins, durch Aktionen kundgeben, die einen Zuwachs an Leidenschaft und Erregbarkeit bedeuten. Solche Steigerungen des Betriebs von den Arsenalen des Unbewußten her können so stark werden, daß daraus Abblendungen der Vernunftzonen, Prävalenzen der Triebe vor dem Erwägen entstehen, welche zu Affekthandlungen führen können, und die Begeisterten, Berauschten zu Aktionen treiben, welche einen antisozialen Einklang erhalten können, wobei die Eudämonie in der Übersteigerung zur echten Dämonie umschlägt.

Wenden wir uns nun zu dieser, der wahren Dämonie, so müssen wir zunächst konstatieren, daß also das höchste Wohlgefühl, das Wirken einer Persönlichkeit in idealstem, ethischem Sinne nur dann gegeben sein kann, wenn die Rhythmen der drei Orgelregister genau eingestellt sind in den

Rhythmus des Alls, wenn die Harmonie zwischen Sympathikus und Zerebrospinalaktion (Tätigkeit des Gehirns und Rückenmarks, also die der sekundären Nervensysteme) ungestört erklingt, wenn Wille des Alls mit meinen Vorstellungen und Willenstreibungen sich vollkommen parallel bewegen. Dann ist das Gefühl des äußersten Wohlbehagens, ja der Lust, der elysäischen Freude vorhanden, wie es der Frühling, die volle Gesundheit, der Nachlaß wilder Schmerzen, der schöne Anblick der Naturerscheinungen, die Gegenwart lieblicher Kinder, diesen Herolden der Ewigkeit des Menschenbestandes, erregt. Nirgends aber fühlen wir diese Harmonie als Einschwung unsrer Persönlichkeit in den Rhythmus des Alls so überwältigend innig, so schmelzend wonnevoll als bei der Liebe, und ihr Orgiasmus ist ein schwerwiegender Beweis dafür, daß nur Liebe und Güte des Allgedankens die Quelle und die Mündung des ganzen Lebens- und Weltstroms sein können. Wer wahrhaft liebt, ist im Moment höchster Erfüllung eins mit des Weltalls wildem Rausch. Wie ja denn auch in dem Moment der höchsten Lust der Schöpfungsgedanke, Opfer und Neuerstehen, sich auf das wunderreichste offenbart, ein Wunder, das niemand schöner und prägnanter auszudrücken vermochte als Goethe in dem Lied an den Schmetterling:

> Und solang' du das nicht hast,
> Dieses Stirb und Werde,
> Bist du nur ein trüber Gast
> Auf der dunklen Erde —

Verse, in denen der Gedanke wohnt, daß ohne Opfer und schöpferische Liebe die Erde gleichsam unbelichtet und ein großer Hexentanzplatz von Dämonien sein müßte.

Was ist nun aber der eigentliche Sinn der Dämonien, dieser Schattengeistigkeiten allen Glücks und allen Behagens, dieser Dunkelseite alles Menschentums und alles blühenden, rauschenden, leuchtenden Naturerscheinens? Wir wollen es kurz sagen: der sich gegen das Ethos, das Ziel der Welt hochbäumende Vernichtungs-, Verneinungs-, Zerstörungswille alles Individuellen. Er ist eine Kette von Protesten gegen die Bestimmungen, Ziele, Wirkungsweisen des Guten in der Welt. Die prometheische Auflehnung des Sonderwillens gegen den Allwillen. Es ist eine ungeheure Einseitigkeit Darwins gewesen, den Erhaltungstrieb als die einzige Quelle der Variation der Lebewesen hinzustellen unter völliger Verkennung psychologischer Tatsachen. Denn ist nicht der Wille zur Vernichtung in jedem Lebewesen genau so lebendig wie der zur Erhaltung des Bestandes und zu seiner Steigerung? Ist nicht dem stärksten Triebe der Selbsterhaltung, der Ernährung, fest angekettet die Methode der Vernichtung? Kann Leben bestehen, ohne Lebendiges zu vernichten? Morden die Herbeischaffer unsrer Nahrung nicht stündlich, täglich? Ist die belebte Natur nicht ein gewaltiges Schlachthaus des Lebendigen, wo Opfer um Opfer fällt und zu Atomen zermalmt wird, um vampirartig Blut und Saft zu saugen, damit es sich selbst zum Verzehrtwerden trefflich vorbereite? Schöpfung und Vernichtung sind Zwillinge. Und dies Verhältnis hat natürlich auch seine polare Spiegelung in der geistigen Sphäre des Psychologischen. Woher denn des unschuldigen Kindleins grausamer Trieb, Tiere zu quälen, lebende Vöglein zu rupfen, Maikäfer gefangen zu setzen, Blumen zu zerpflücken und sein Säuglingsbrüderchen in die Beine zu kneifen? Aus Vernichtungstrieb, der sich übt!

Vernichtungstrieb und Dämonie. Woher stammt des Menschen fiebernde Lust, sich zu betäuben im Tanz, im Rausch, im Genuß Illusionen schaffender Gifte, Alkohol, Nikotin, Morphium, Haschisch, ein Trieb, der bis tief ins Tierreich als Berauschungslust, wie Bienen- und Schmetterlingsrausch am Saft der Blüten, durch Rhythmentaumel hinabreicht und hinauf bis zur Derwisch- und Fakirekstase und verzückter Katalepsie im religiösen Tanz zur angeblichen Verherrlichung des Herrn der Welt? Und so gelangen wir endlich zu einer Einsicht, welcherlei Funktionen es denn sein mögen, die beide Dämonien, die bösen und die guten, erzeugen, und wie diese beiden Teile des Aufstiegs und des Absturzes aller Erdenwanderer miteinander in den Labyrinthen der Brust, in dem Gefängnis unsres Ichs, im Zuchthaus des Leibes miteinander verkettet sind. Daß ich es gleich sage: es sind die beiden Systeme des unterbewußten Willens des Sympathikus und das des bewußten egoistischen Dranges, sich selbst, sein eigenes Ich gegen Gott und Welt als etwas Selbständiges, individuell allein Berechtigtes um jeden Preis durchzusetzen, welcher Trieb, ausgebrochenen Pferden vergleichbar, gebunden ist an die rasenden, ungehemmt entarteten Gangliensysteme des Vorderhirns, an eine größenwahnsinnig gewordene Mentalität mit der Wahnvorstellung der Selbständigkeit und der alleinigen Gültigkeit des Ichs und einem unermeßlichen Ichhunger. Denn wir können es uns nicht nehmen lassen: von Geburt an, von Ursprung her, vorgedacht und so geschaffen ist der Mensch gut und ohne Schuld. Der Sympathikus ist ja des Neugebornen einziger Steuermann, der dem Direktorium des unbewußten Weltwillens alleinig unterstellt ist. Dieses Direktorium ist aber, ob gut oder schlecht, die einzige Bezugsquelle organischer Bewegung. Ist die Welt schlecht und steuert sie in eine Nacht des Verderbens, dann allerdings müßte auch der Mensch böse von Natur sein. Das kann aber nicht angenommen werden angesichts der Schönheit und der gütigen Wunder des Frühlings, der Liebe, der Menschengüte, angesichts der Tatsache von Gesinnungen eines Christus, des heiligen Augustins, Tolstois, eines Goethe, Kant oder Schiller. Allein die Möglichkeit der Gipfelungen des Weltschaffens in diesen Positivitäten beweist, daß die Welt trotz allem und allem von der Hand der Güte und der

Schönheit gesteuert wird, und es kann das Böse nur eine Entartung, eine Polarität, eine Perversion des Welttriebs sein. Ich möchte es das Aufbäumen, die Raserei, das Aktivwerden der Hemmung nennen, das prometheische Überheben des zähen Widerstands jeglicher Materie, die bewußt gewordene Selbststeigerung des Widerparts der Kraft, eben der Hemmung, ein Protest der Hochorganisation der bewußt gewordenen lebenden Prismen, ein Versuch, sich selbständig loszulösen vom Rhythmus des Alls. Die Harfe des Äolus, in der die Weltallsoden tönen, beginnt für sich, aus sich, durch sich zu spielen, sie ist es müde geworden, die alt-uralten Lieder zu singen, sie will selber dichten, tönen, singen, die überhebliche Törin, die doch erst durch die Allmacht der Luft das Klingen gelernt hat. Sie möchte Zephire und Orkane nachäffen und von selber klagen und trauern, und sollte doch erkannt haben, daß sie nur zittern oder grollen kann, wenn der kosmische Luftstrom ihr Klang und Lied gibt. Übertragen wir dies Bild auf die Organisation des Menschen, so können wir kühn behaupten, all unsre Geistigkeit ist eingespannt in die beiden Rahmen des Bewußten und Unterbewußten, gebunden an das zerobrospinale und das sympathische Hirnsystem, und alles, was „seelisch" geschieht, ist eine Mischung aus diesen beiden Quellen unsrer gefühlten Existenz. Nun kann sich das Vorderhirn gleichsam emanzipieren, es kann die Äolsharfenselbständigkeit revolutionär anstreben: entarten, entfliehen dem Banne der Rhythmen des Sympathikus, und wir haben die Tatsache, daß der Mensch zerfällt in zwei Existenzen, sein Doppelseelentum, seinen Faust und Mephisto, seinen Pfarrer Brandt und Peer Gynt, seinen Don Quichote und Sancho Pansa, seinen Claudius und Hamlet in einer Brust. Das Gute liegt im Unbewußten, das Böse im egoistischen Ich, im Bewußtsein. Der Mensch ist gut von Anlage, wird böse von Kultur, und zwar, weil aus der Lebenshemmung, welche der Sympathikus von der Umwelt erfährt, Störungen seiner Saftbereitung in den Drüsen resultieren, welche, dem Blute beigemengt, Perversionen des Ichs geradezu erzwingen auf dem Wege gestörter Neurogliatätigkeit. Genau so wie die physiologischen Produkte der Hormone den harmonischen Betrieb, das Gleichgewicht vom Bewußten und Unbewußten, garantieren, genau so stören die Dishormone, die gewandelten Brausäfte des Leibes diese Regulation, sie sind die Stromquellen nun scheinbar aus dem Unterbewußtsein aufsteigender Triebe, die Hetzer, Anreizer, Kuppler zu den Perversionen des Ichs, seinen antisozialen Entgleisungen, seinen Lüsten, seinen Verbrechen. So ist alle Ethik gebunden an die harmonische Regulation der Hormone, welche erzwingen, daß die Ganglien des Bewußtseins nur im Dienste des fördernden Allgefühls vom Sympathikus her gesteuert, vom Weltallsherzen in das Herz des Menschen übertragen, in voller schöner Federung den Uhrbetrieb des Individuums erhalten, und daß alle Sünde oder Schuld, bewußte oder erzwungene, Trieb der Disharmonie, des Zwiespalts, der Vermehrung der pathologischen Säfte der Drüsen, den Dishormonen oder der gestörten Korrelation der Blutbeimengungen aus den Braustätten der Hormone entstammt. Das Böse ist eine Krankheit, ein Leiden, eine Vergiftung der belebenden Flüssigkeit, des Blutes, das nun so wirklich ein besonderer Saft von höchstem seelischen Bedeuten wird, ansteckend und vererbbar. Wir sind so weit, daß wir nunmehr in dem ungeheuren Gebiete geistiger Perversionen die Dämonie als eine durch Saftbildung erzwungene Störung im Ablauf normaler geistiger Funktionen definieren können, wobei wir festhalten wollen als unsre Grundanschauung über das Böse, über die Nachtseite im Labyrinth der Brust, daß diese Störungen nicht in der molekularen Struktur der Zelle gegeben sind. Nicht der Nervenapparat trägt die primären Stigmata alles dessen, was Schuld und Fehle erzwingt, sondern es sind Außenereignisse, sei es die Invasion von Giften, von den Stoffwechselprodukten verschluckter Bakterien, seien es die Produkte einer naturwidrigen Ernährung oder die Wirkung schädlicher Genußformen, sei es, daß katastrophale, tief erschütternde Erlebnisse die Bildung lebenfördernder Hormone verhindert resp. fremdartige Selbstgifte erzeugt —

immer ist es die saftverändernde, trübende, verunreinigende Beimengung abnormer Stoffe, welche wir als das Primäre am Aufsteigen des Bösen aus den Fluten und Kratern der Geistigkeit erkennen. Der Nerven- und Ganglienapparat ist gar nicht so aktiv, wie die alte Psychiatrie annimmt, welche, gestützt auf eine unhaltbare Lehre vom Stoffwechsel auch der Ganglienzelle, auf die Theorie der Osmose und Diosmose, immer vergeblich für ihre Klassifikation der Geisteskrankheiten den pathologischen Prozeß innerhalb der Zelle suchte, mit dem Resultat, daß bei einer großen Zahl ihrer nur kasuistisch gestützten Klassifikationen geistiger Erkrankungen, bei dem Stumpfsinn (Demens), der Paralyse, der Hysterie, der Neurasthenie, bei der Manie und den Dämmerzuständen, in der Leiche solcher Unglücklichen nie die entscheidende anatomisch-mikroskopische Veränderung des Zelllebens gefunden wurde, die sie eifrig suchte. Für uns natürlich, weil ja die Vermittlerin geistiger Störung gar nicht in den Zellapparaten sitzt, sondern in dem Neurogalikanalsystem um die Ganglien herum, in welcher der krankmachende Stoff erst kreist, der dem normalen Blutsaft mit seinen Förderungsgiften, seinen lebenfördernden Hormonen sich beimengt aus den Fabrikstätten der inneren Sekretion der Blutdrüsen, die den reinen Wunderstrom des Blutes durchmengen, wie die dunklen Wellen aus einer Farbfabrik eingespült werden in die dem Meere entgegenrauschenden

Fluten eines Flusses. Die Folge dieses vergeblichen Suchens, das dogmatische Festhalten an einer zellularen Stoffwechsel- und Ernährungstheorie, basiert auf der heute nur noch sehr bedingt richtigen Zellularpathologie Virchows. Daher denn auch die große Ohnmacht der psychiatrischen Heilversuche in unseren Anstalten für Gemüts- und Geisteskranke, ihr Absinken auf einen Betrieb, der zwischen Zuchthaus und Isolierhotel pendelt, der alles andre leistet, nur keine Heilung. So sind denn die Heilmethoden unserer Psychiater fast aussichtslos, wenn die Natur, d. h. der gute Doktor, „von Selber" nicht hilft, so bleibt ihr Handwerkzeug die Morphium- und Skopolaminspritze, die Isolierung, die Zwangsjacke, die Gitterstangen, die Bäder, die Gummizelle, der nicht immer liebevolle Wärter und die starre kasuistische Registrierung von Fall zu Fall. Erst die richtige Erkenntnis der Gesetze der innern Sekretion, die Auffindung von Gegengiften, Antigenen der Saftintoxikation von den Blutdrüsen könnte hier Wandel schaffen, auch die aktive Durchspülung der Neuroglia von dem Adersystem her, die aktiven, mehr chirurgischen Maßnahmen zur Entgiftung des Blutes werden den Weg zeigen, auf dem einst der Medizin auch hier in dem Urwald und in den Wolfsschluchten der Dämonien Triumphe erblühen werden. Doch das gehört nicht hierher. Es sollte nur auf die Sterilität psychiatrischer, gewiß ungeheuer sorgsamer Heilbestrebungen der Irrenkunde hingewiesen werden, welche so lange im Finstern dämonischer Niederungen herumtappen wird, ehe nicht klar erkannt wird, daß die Neurogliatheorie, wie sie der Chirurgie schon den Segen der lokalen Anästhesie und den einer rationellen Narkose gebracht hat, auch hier erst die Basis gibt für eine Aussicht auf aktives Eingreifen in die Grundbedingungen aller Dämonien zwecks ihrer therapeutischen Beseitigung.

Nach diesen bei der ungeheuren Ausdehnung des hier zu erörternden Stoffes unerläßlichen Vorbedingungen können wir darangehen, so etwas wie die Richtlinien aufzustellen, welche uns bei einer Heerschau über die Armee dämonischer Mächte zu orientieren geeignet sind. Hierbei muß unbedingt bemerkt werden, daß heute noch niemand in der Lage ist, für jede der zu behandelnden Perversionen des Geistes diejenigen Stoffe darzustellen oder auch nur zu nennen, welche eben die gleichsam vegetabilischen, elektromechanischen Apparate mit Kurzschluß, Nebenanschluß, Stromwendungen und Abbiegungen attackieren, es soll nur richtunggebend festgestellt werden, daß die wenig ernährte, ja unter Ernährungsmangel (Inanitionsdelirien, Brabbeln, Bewegungsdrang der Greise) um so heftiger funktionierende Nervengangliensubstanz, von deren Stoffwechsel wir so gut wie gar nichts wissen und sehr wenig bemerken, unmöglich die Basis einer Analyse auf Grund einer unhaltbaren Stoffwechseltheorie, fußend auf Osmose und Diosmose, abgeben kann, sondern daß erst eine allgemeine Umstellung der Psychiatrie auf diese Neuroglia- und Safttheorie der innern Sekretion, welche wir Senator verdanken, hier theoretische und praktische Förderung verspricht.

Wir wollen also an der Hand dieser Theorien herangehen an ein gewiß kühnes Unterfangen, die Dämonien insgesamt zu klassifizieren unter dem einheitlichen Gesichtspunkte einer durch primäre Blutsaftbeimengung elementar gestörten Funktion der Ganglienapparate. Dabei können wir uns ohne weiteres halten an die physiologische Analyse, welche wir diesem Werke von vornherein zugrunde gelegt haben, d. h. wir gruppieren die Dämonien folgendermaßen. Die Dämonie kann erfassen

die Funktionen:
des Ichs und der Individualität,
der Persönlichkeit und des Charakters,
der Logik, der Phantasie,
der Triebe und Zustände.

Diese letzteren, die Dämonien der Triebe, zerfallen in Unterabteilungen.

Störungen und Perversionen:
des Erhaltungstriebes,
des Ernährungstriebes,
der Triebe der Liebe,
der Triebe der religiösen Bindung,
des Triebes zur Kunst und Wissenschaft.

In diesen Rahmen hoffe ich im wesentlichen alle Muster hineinsticken zu können, welche den vielflockigen Teppich dämonischer Bilderskizzen wie einen Atlas des Innern auszubreiten erlauben.

Schon bei der Analyse des Ichs haben wir bemerkt, daß die Spaltung des Ichs in eine Doppelempfindung, in eine Ausfaserung des Individualgefühls in mehrere unvergleichbare, sich scheinbar fremde Ichbüschel, dieses naturgegebene Zweiseelentum einen durchaus physiologischen Typus hat in der zweiteiligen Arbeit beider miteinander kommunizierender Hirnhälften. Wir haben hinzuzusetzen, daß diese Teilung des Ichs, seine Spaltung in zwei Persönlichkeiten in uns elementar im Schmerz auftritt, wo einer ist, der heiß leidet, und ein andrer, kalter, völlig unbeteiligter Zuschauer in uns steckt, der unsre Qual betrachtet wie ein Wissenschaftler irgendein interessantes Bild unter dem Mikroskop. Zwischen unserem Leid, seinen Ursachen und seinen Wirkungen ist ein Jemand dazwischen (ein Wesen des Inter-esse), der kaltblütig unser Weh registriert. Das erklärt sich mühelos aus der Doppelfunktion unserer rechten und linken Hirnhälfte und dem Wesen ihrer links objektiven, rechts subjektiven Betätigung, die um so deutlicher wird, je mehr die Veranlagung eines Menschen je nach der Vorzugsaktion der einen oder der andern Hälfte drängt. So haben Geisteskranke und Phantasiemenschen überhaupt (bei Wahnvorstellungen ist die rechte Gehirnhälfte besonders in Anspruch genommen) nach privaten Mitteilungen eines Psychiaters tatsächlich ein höheres Gewicht als die linke, und Hutmacher bestätigen mir durchweg, daß jeder Mensch eine besondere Nuance von der Prävalenz einer Seite seines Kopfes hat, was auf verschiedene Dimension der einen oder der anderen Hälfte des Gehirns unmittelbar hinweist.

Wo also dieses Mißverhältnis besonders ausgebildet ist, da werden auch die Funktionen beider Seiten besonders leicht in das Wesensgefühl spaltende Aktionen geraten können, und zwar wird ein Rechtshirnüberschuß den Phantasiemenschen charakterisieren, eine Linkshirnprävalenz den Mann des realen Lebens anzeigen. Daraus erklärt sich ohne weiteres, daß es besonders Phantasiemenschen, Künstlernaturen, Leute von Talent und Genie sind, welche besonders wehleidig, hypochondrisch, mitteilsam über ihre innere Merkwürdigkeit sich geben und gerne reden von ihren sonderbaren Beobachtungen einer fast ununterbrochenen Vergnügungsreise in die innern Provinzen ihres lieben, übergeliebten Ichs. Es ist das schon eine leise Dämonie bei diesen Phantasieathleten, daß sie wie gepeitscht sind von ihrem so überaus wichtigen Ichgefühl und tyrannisch von ihren Mitmenschen, namentlich den geliebtesten, verlangen, daß sie gleichsam sklavisch angekettet sind an die leisesten Sensationen ihrer so überaus interessanten Persönlichkeit. Ja, es gibt Hysterische, die überhaupt nichts anderes denken können als sich, wobei anzunehmen ist, daß eben jede Art

Innenerlebnisses stets unter die scharfe Lupe der Selbstbeobachtung geschoben wird, was aber nichts andres heißt, als daß ein reales Ich betrachtet, betastet, beherrscht und beleuchtet wird von dem Ich der Phantasie. Die Doppelfunktion beider Hirnhälften wird gespalten in zwei fast selbständige Tätigkeiten, während wir gesehen haben, daß normalerweise beide Teile in logisch vernünftiger, ruhig-harmonischer Arbeitsteilung den geistigen Betrieb beherrschen. Wir wissen aber von der Analyse des Traumes her, daß die Abblendungen der oberen Zonen des Gehirns, die Hemmung der Funktion für Raum und Zeit plus Kausalität und Logik einen Zustand herbeiführen, in dem das Ich alle Gestalten, ja die andrer, ja andrer Gegenstände annehmen kann. Da kann ich ein König sein oder ein Verbrecher, da kann mein Ich ein Stiefel, eine Badewanne werden, also das Persönlichkeitsgefühl sich unendlich vielgestaltig maskieren und kostümieren. Es ist aber in der Natur der Anordnung der Ganglien in jüngere und ältere Schichtlagen gegeben, daß im Traum der Mensch gleichsam in eine frühere Daseinsperiode herabsinkt, indem teils das Ich des Traumes in einer fernen Vergangenheit auflebt, wo unsre Toten noch unter uns weilen, teils aber auch bei Traumzuständen eines halbwachen Tageslebens Zustände auftreten können, welche tatsächlich auch für andre Betrachter die Persönlichkeit zu einer völlig veränderten Individualität verzaubern. Das ist das ungeheuer interessante Gebiet der epileptiformen Dämmerzustände. Hier ist die Grenze, an der die Schmugglerarbeit der Dämonie und ihr nächtlicher scheuer Gespensterspuk beginnt.

Durch die Tageszeitungen ging einst die erschütternde Kunde von dem verblüffenden Auftauchen eines verschwundenen Bürgermeisters aus Pommern, der, wie schon einmal vor Jahr und Tag, plötzlich spurlos verschollen war. Er wurde in Algier unter der schlimmen Schar der Fremdenlegionäre wiedergefunden. Eines Mittags nach einer Kreisausschußsitzung, woselbst er allem Anschein nach ohne Vorboten des über ihm kreisenden Verhängnisses ruhig teilnahm, riß der Faden, der ihn mit Familie, Amt, Würde und Heimat fest verband, und ein gewandeltes Ich, ein Schatten seiner Persönlichkeit ging hin, löste sich ein Billett für die Ferne, war verschollen durch Monate und tauchte dann auf nach traumesgleicher Wanderung als ein Soldat unter Soldaten in Afrika, im Bereich einer Gemeinschaft, mit der unsere Phantasie alle Schrecken romantischer Despotie und legendärer Menschentragik verbindet. Ein Stück menschlichen Unheils, von der Hand der Geschehnisse geschrieben, wie es grauser kein E. T. A. Hoffmann, kein Callot, kein Edgar Poe ergrübeln konnte. Da fragte die Welt uns Ärzte, die wir nun einmal deuten müssen, was Sphinx und Pythia murmeln, um Auskunft. Wie soll man diese Dinge verstehen, was ging hier vor? „Dämmerzustände" heißt das

Wort, das sich zur rechten Zeit einstellt, die Formel, mit der sich der Laie einlullen läßt, nicht ohne mit dem verständnislosesten: „Ach so!" den Empfang der Erkenntnis zu quittieren. Wie so oft gibt hier der Priester ein Symbol, weil er die Wahrheit selbst nicht weiß. Gut ist das Wortsymbol gewählt — es stammt vom alten Arndt in Greifswald, der auch die „Neurasthenie" geprägt hat als eine Münze, die einen Wert bedeutet, ohne ihn zu haben. Es entstehen, so sagt die Wissenschaft, erworbene oder angeborene Zustände im Gehirn, die unter dem plötzlichen Schwunde des Bewußtseins Seele und Leib, Denken und Bewegung einhüllen in einen schattenhaften Nebel geistigen Dämmerns, wolkenhaften Geschobenseins des Leibes, wellenhaften Gleitens oder brandenden Aufspringens eines menschlich-unmenschlichen Wesens, das in den Extremen des idiotischen Hinbrütens, bis zur Raserei hyänenhafter Vernichtungswut, eine unbewußte Existenz eine Zeit hindurch repräsentiert, von der in anfallsfreier Zeit der Unglückliche auch keinen Schatten einer Ahnung besitzt. Das ist der „Andere", der „Horla" Maupassants, das Neben-Ich, Schlemihls ihm ins Gehirn gesprungener Schatten! Mit Schaudern nur denkt jeder sich hinein in dieses grausame Spiel der Natur, das schreckhafter ist als der veritable Tod: denn hier ist Tod des Ichs und seine fühllos lebende Maske beieinander, nicht Sein oder Nichtsein, sondern Sein und doch Nichtsein! Versuchen wir einmal ganz kalt mit dem Lämpchen unseres Wissens diesem Dämmerschein in sein fahles Gewirr zu leuchten.

Man bezeichnet solche Zustände der erkrankten Seele als „epileptische". Mit Recht, denn sie teilen mit der echten Epilepsie das Plötzliche, das Periodische, das Bewußtlose, das Vorübergehende, das Anfallsweise der krankhaften Erscheinungen; aber was sie von jener scheinbar trennt, ist eben das Fehlen der völligen Bewußtlosigkeit. Scheinbar: denn auch beim Epileptischen im Krampf arbeiten ja noch in zuckenden Bewegungsstößen alle jene Hirnteile, die eben die Muskelgruppen schlagartig spannen und entspannen. Die auftretende zweite, dahindämmernde Persönlichkeit dieser verwandelten Wesen ist ebenso die Bewegung im Seelischen wie der Muskelkrampf der Epileptiker im Motorischen. Der Dämmerzustand ist das Analogon (das Entsprechende, vergleichsweise Parallelgehende) zu dem tollen Muskelspiel der echten Epileptiker.

Was mag, ganz abgesehen von allem dämonischen Beigeschmack, von Romantik und Mysterium, rein materiell im Gehirn solcher Unglücklichen vorgehen? Das ist hier die Frage. Statt all der vielen Theorien, die darüber aufgestellt sind — das Mysterium aufzulösen in mechanisches Geschehen ist ja die schwere, trübe Pflicht der ärztlichen Denker —, will ich nur eine anführen, um diese Dinge dem Begreifen des Laien näherzurücken, eine Anschauung, die für den Leser nur den einzigen Nachteil hat, daß sie von mir stammt, sonst aber wohl geeignet ist, die Erscheinungen unter einem einfachen Gesichtspunkt zu vereinigen.

Im Gehirn arbeiten Blut-, Lymphsäfte und Nervenelemente nebeneinander. Die Nervenganglien tragen die Reizströme für Bewegung und Empfindung, zu denen auch das Bewußtsein gehört, die Säfte geben die pulsenden Isolatoren, die Hemmungsapparate für diese elektrischen Ströme ab. Ja, von dem ungestörten Walten dieser Hemmungssäfte hängt der reguläre Ablauf des seelisch bewegten Innen- und Außenlebens ab. Gesteigerter, gehemmter Blutdruck, Blutlosigkeit, Veränderungen des Blutsaftes durch giftige Beimischungen und abnorme Stoffwechselinnenprodukte (innere Sekretion) lassen die feine Maschinerie des Gehirns in unzähligen Formen falsch und zweckwidrig laufen. Ohnmacht, Raserei, Schlaf, Traum, Wahn, Ruhe, Seligkeit — sie alle sind gebunden an das harmonische oder unharmonische Spiel zwischen Ganglienstrom und Säfteregulation. Nun denke man sich einmal die hin- und herflutende Saftmasse des Gehirns, deren Schleusenspiel ja eben den Nervenzuckungen Weg, Bahn, Damm und Durchlaß gewährt, zeitweise und plötzlich erstarrt. Sagen wir einmal kühn: geronnen. Dann sind alle nervösen Partien des Gehirns im Bereich der Gerinnung der Säfte gesperrt, gehemmt, außer Funktion gesetzt, und der

Strom der Außenreize vom Lichtstrahl bis zum Windeswehen kann an diesen Stellen nicht passieren, er staut sich und überflutet freie, nicht durch solche Saftgerinnung gehemmte Bahnen. Die Folge ist eine ungeheure Überströmung intakter Hirngebiete mit elektrischen Reizwellen, und sie erzeugt im zentralen Bewegungsgebiet: Krämpfe! im seelischen: Wahn!

Epilepsie hat also danach ihren Grund in Hirnhemmungen dergestalt, daß das nicht betroffene Gebiet der zentralen Muskelaktion in kolossale Erregungszustände versetzt wird, weil im Moment der Gelatinisierung der Lymphe alle sonst im Seelischen ausgeglichenen Reizwellen gewaltsam in die Muskelmotoren einbrechen und alle Kurbeln, Translatoren und Außenleitungen in ein furioses Tempo jagen. Wahnsinn hat anderseits darin seinen letzten mechanischen Grund, daß durch Gerinnungen des größten Teiles der Neuroglia in einzelnen freien Partien die überschüssigen Reizströme mit unhemmbarer Gewalt auf die übrigbleibenden einbrechen und seelische Epilepsie verursachen: Verwirrung, Wahn, fixe Idee, Exaltation, Raserei, Wut oder Melancholie ist die Folge. Man beachte, daß danach die sogenannte fixe Idee ihren Sitz hat in den restierenden, noch gesunden Bezirken der Hirnmaschinerie; der Sitz der Krankheit, die Gerinnung der Isolatoren, mu ß an einer anderen Stelle gelegen sein. Wenn jemand glaubt, Jesus, Napoleon, die Jungfrau

Maria zu sein, so muß er es glauben, weil nur diese Stellen, an denen auch dem Gesunden eine phantasievolle Identifizierung seiner Persönlichkeit mit den genannten Geistern möglich ist, noch funktionieren, und alle anderen Vorstellungen, auch die von seinem wirklichen Ich, eingedämmt, sagen wir ruhig „eingedämmert", sind. Nun kommen wir der Sache näher.

Der Bürgermeister, der schon einmal plötzlich als ein anderer nach Berlin verschwand, hat periodische Anfälle von Gelatinisierung seiner Hirnlymphe, seiner Hirnstromregulation in der Neuroglia. Gerinnung kann plötzlich in wenig Sekunden einsetzen, wie das Experiment lehrt. **Bei Hämophilen, d. h. Blutern, deren Blut die Möglichkeit der Gerinnung völlig fehlt, hat niemand noch jemals Epilepsie oder Dämmerzustände beobachtet.** Auch weiß ich nichts von Manien, Paralysen, Dementien bei solchen Blutern. Leute, deren Säfte nicht gerinnen können, können auch nicht geisteskrank werden in obigem Sinn. Das ist nicht ausgeklügelt, es ist absolute Tatsache.

Tritt aber diese partielle Saftgerinnung im Gehirn ein, so ist die Störung da, denn wieviel feiner ist das Gehirn gebaut als die Gewebe, in denen wir sonst Gerinnung kennen! Die Vorstellung vom Ich kann schwinden, eine andre dunkle Persönlichkeitsempfindung tritt auf, unklar und nur halb bewußt sich selbst, weil ja die Orientierung für die Umwelt stark erschwert ist, und die intakte Automatie des Willens und der Bewegungen arbeitet, gehorsam diesem neuen, nur halbbewußten vorgespiegelten Schatten eines Ichs. So löst der Unorientierte, vor Welt und Gott Versunkene automatisch sein Billett; Stimme, Gang, Handlung folgt dem dunklen Drang des Unterbewußten, das ja intakt ist, und dieses führt ihn ziellos, planlos, einen Ahasver dunkler, halbbewußter Schuld, in alle Winde, dem französischen Werber in die Arme, nach Frankreich, übers Meer, nach Algier! Wohl möglich, daß ein Nichtarzt dem Flüchtling seine Schattenexistenz glaubt und ihn zwar für ein bißchen übergeschnappt, aber noch leidlich brauchbar hält. Nun löst sich die Gerinnung, wie so oft, periodisch wieder auf, und eines Morgens ist die Orientierung wieder da — aber alles ist vergessen, was zwischen Usedom und Algier liegt— denn Gedächtnis hat nur das Ich, das alles auch wirklich erlebt hat als Ich. Wie „der Andere" nichts vom Ich weiß, so weiß auch das erwachte „Ich" nichts mehr vom „Anderen".

In dieses grause Bild fällt ein Hoffnungsstrahl von Hilfe. Man kennt ein „Krotalin" benanntes Präparat, ein Schlangengift, das schon in kleinsten Dosen das Blut gerinnungsunfähig machen soll. Turner in England, Spengler in Amerika, Fackenheim in Kassel haben es ziemlich gleichzeitig gefunden und — das ist das Aussichtsreiche — es mit einigem Erfolg gegen Epilepsie angewendet. Die damit behandelten zahlreichen Personen verloren ihre Anfälle, weil ihr Blut gerinnungsunfähig geworden war. So bestätigt die Erfahrung glänzend die Anschauung von der Ursache epileptischer Anfälle als periodische Gerinnungsvorgänge der Hirnsäfte der Neuroglia.

Gibt das nicht einen Ausblick auf neue Wege gegen alles, was man periodischen Wahnsinn nennt?

Der alte Spruch des Paracelsus erhält neuen Glanz: Im Gift kann Segen sein!

Nicht immer nun sind wie im eben erzählten und besprochenen Falle die Perversionen des Ichs bedingt durch solche extremen Grade der Abblendung der Gehirnoberfläche, wie es durch Gelatinisierung der Neurogliaausschwitzungen geschieht. Schon leichte Durchlässigkeit für Hemmungssäfte in ihren Maschen, ja extreme Erweiterung und Überdehnung ihres elastischen Muskelgefüges genügt schon, wie in der Hypnose, eine Abblendung höherer Ganglienkolumnen zu erzwingen. Schreiben wir uns noch einmal die Skala auf, welche im Narkoseexperiment die Wirkung der narkotischen Substanzen von der Höhe der Ganglienpyramiden bis zur Tiefe durchläuft, so stellt sie sich folgendermaßen dar:

Zeit und Raum, Kausalität, Phantasie, Logik, Tastgefühl, Hören, Sehen, Geruch, Geschmack, (Ichzone), Schmerz, Muskelbewegungen, Automatie, Instinkte, Reflexe, Eingeweidebewegungen, Atmungs-, Herztätigkeit.

Das ist eine Kolumne von Apparataktionen des Gehirns, nach welchen man das Alter der einzelnen Geburtsstätten der Zellager direkt ablesen kann. Die Narkose geht wie ein Peiler, ein Senkblei von oben nach unten in die Tiefe des Gehirns.

In der Hypnose wird nun durch Reflex von der Stirnhaut, den Augen oder den Brauen, dem Blick her Raum- und Zeitgefühl und die Fähigkeit der Kausalität und tiefer über Phantasie und Logik usw. abgeblendet, so daß das Ichgefühl, die Zone des aufblitzenden Gegenwartsregistrators, bloßliegt für den Willen des Hypnotiseurs, der sich dieser Tastatur wie ein Virtuose bedienen kann. Damit ist die Suggestibilität des betreffenden Hypnotisierten naturgemäß erklärt. Aber nicht nur Streicheln, Anglotzen, blitzende Gegenstände erzeugen diese Abblendung der höchsten Bewußtseinszonen, auch innere Sekretionsstoffe, Gifte usw. können diesen Mechanismus erzwingen. Es gibt sicher Suggestionsgifte, und ich weiß nicht, ob nicht die Fakire mit solchen Dingen bisweilen arbeiten, mit unbekannten Düften, Speisen, welche dem Blut beigemengt, eine Illusionsfähigkeit erzeugen, so daß, was von der Phantasie durch Worte des Experimentators gefordert wird, für die Sinne auch schon Wahrnehmung ist. Die Illusion nimmt Gestalt an. Das wissen wir bestimmt vom Morphium, vom Haschisch und einigen inneren Sekretionsstoffen, ja von Krankheitsgiften der Tuberkulose und des Krebses, die das Bewußtsein bis zur Form des Gnadentodes (die Gnadennarkose der Natur!) abzublenden vermögen. So erklärt sich auch am einfachsten die verschiedene Hypnotisierbarkeit der einzelnen Personen, da die Überdehnungsfähigkeit des Neurogliaapparats naturgemäß bei den verschiedenen Personen eine verschiedene Größe bedeutet. Sie werden um so leichter hypnotisierbar sein, je schlapper die Arterien der Neuroglia sind, als Energielose, Neurastheniker, Hysteriker usw. Das meiste der faszinierenden, hypnotisierenden Persönlichkeit liegt also oft, seine Dämonie, seine Gewalt über die Menschen, nicht an einer besonderen unheimlichen Begabung, sondern an einer mehr oder weniger ausgeprägten Gefäß-Dehnbarkeit des Objekts der Hypnose. Freilich gibt es auch Rattenfängernaturen, die für sehr viele Menschen einen blendenden, oft mit Schauder gemengten Zauber ausströmen, der alles beherrschende Formen annehmen kann und wie Basiliskenblick, Schlangenaugenglotzen und Anschleichen des Verhängnisses nicht nur auf Kaninchen wirkt. Das führt uns direkt auf das Don-Juan-Problem, das wir besser unter den Dämonien der Liebestriebe berühren wollen.

Geht nun die Blendung durch Selbst- oder Fremdgifte, durch noch tiefer greifende Reflexe bis über die Ichzone hinaus, so entsteht eben jener somnambule Zustand des Individuums, bei dem die Muskelaktion bei völlig abgeblendetem Ich-,

Phantasie- und Logikgefühl, nebst Umnebelung von Raum und Zeit und Kausalität, so freiliegt wie im hypnotischen Zustand das Ich, so frei wie ein Muskel unter dem Messer, nachdem man Haut und Faszien durchschnitten hat. Dann spielt der Wind auf den Harfensaiten der Muskelaktion, ein Mondstrahl, ein Wehen der Gardine, ein leises Geräusch, die Helle der Nacht lassen den somnambulen Schläfer sich erheben und seine dahinschweifenden Kletter- oder ziellosen Wanderbewegungen antreten. Das ist schon ein halber Dämmerungszustand, ein epileptiformer Anfall, auch ohne daß materielle Alterationen im Neurogliaapparat erforderlich sind. Der Somnambulismus ist die Symptomenkette einer leicht lähmbaren Neurogliamuskulatur. Hierher gehören schon jene eigentümlichen Unsicherheiten des Denkapparats, jene Unfähigkeit, die Gedanken zu fixieren und die unwillkürliche Ohnmacht, den Handlungen und Worten eine energische Richtung und Nachdruck geben zu können, welche das Wesen der Neurasthenie ausmachen. Der Strom der Gedanken und des Willens flackert hin und her wie die Laune einer elektrischen Lampe, nichts haftet, an die Stelle einer harmonischen Geistestätigkeit tritt ein Schweben, ein Schwanken, ein Fluten der Gedanken, welche das Ichgefühl schwer beunruhigen und dessen Ursache ich in einer Aktionsschwäche der Hirnmuskulatur (Bendasche Muskel und Gefäßmuskeln der Neuroglia) aufgedeckt zu haben glaube. Da tritt dann ein Zustand anfallsweise auf, den ein Dichter mit den Worten bezeichnet:

> Manchmal werden mir alle Dinge so fremd,
> Als hätt' ich alle Namen vergessen
> Und stünde, verschüchtert wie ein Kind im Hemd,
> Und kann nichts Sicheres ermessen.

Das sind jene Zustände einer uns plötzlich überfallenden Lebensangst, ein Verblüfftsein über das Wunder des Ichgefühls, ein Innewerden aller Rätsel der Welt, die uns überfluten wie mit dämonischem Scheinwerferlicht, weil eben unser Gegenwartsgefühl, das Zucken aller Augenblicksflämmchen unter der Dehnung der Neuroglia stockt und aussetzend hin- und herzittert. Übrigens werden diese Gefühlsabnormitäten der Nervosität und Neurasthenie viel häufiger durch eine Überdehnung des Herzens bedingt, als sie ihrerseits eine Herzerweiterung durch Aufregung erzwingen*, gegen die wir therapeutisch nicht machtlos sind. Hier setzen zur Beherrschung der Affekte und der Muskelschwankungen der Neuroglia jene Übungen à la Ignatius von Loyala ein, die ich zu einem therapeutischen System gesteigert habe und die wie gymnastische Hirnmuskeldressuren, Gedächtnisschwäche, Willensmangel, Angstzustände, Neurosen bis zu Platzangst und Halluzinationen weit sicherer bessern und aufheben, als eine sogenannte Freudsche Psychoanalyse, für welche in meiner

---

* Siehe C. L. Schleich, Aus Asklepios' Werkstatt. Stuttgart, Deutsche Verlagsanstalt „Neurasthenie".

mechanischen Auffassung der Hirnaktion überhaupt kein Platz ist.

Jeder, der sich den Mechanismus der Neurogliafunktion einmal ganz klar gemacht hat, wird es nunmehr leicht verstehen, wie sämtliche Perversionen des Ichs elektromechanisch zustandekommen, durch allgemeine oder herdweise Abblendung der verschiedensten Zellager der Hirnrinde. So hat es für uns keinerlei Schwierigkeit, zu begreifen, warum bei der Paralyse, bei der herannahenden Idiotie, bei der Dementia ganz allmählich eine Wandlung des Ichs in seinem Betragen, Behagen und äußerer Individualität einsetzt, warum der Charakter sich ändert, aus einem Geizhals ein Verschwender, aus einem Fabius Cunctator ein Draufgänger und Spekulant, aus einem gutmütigen Temperament ein Nörgler und Querulant wird, eben weil die Verleimung und die Saftausschwitzung der Neuroglia — der extreme Grund ihrer Erweiterungsschwäche — die verschiedensten Störungen der Ichzone erzwingt und Anschlüsse und Absperrungen von Instinktbahnen erheischt, welche dem gewöhnlichen Ablauf individueller Handlungsfolgen direkt widersprechen. An die Stelle von ruhiger Überlegung, Aussprache oder vernunftgemäßer Handlung tritt durch Neurogliahemmung an entscheidenden Stellen eine Leitungsumstellung, ein Schaltwechsel ein, der kurzschlußartige Überflutungen und Explosionen veranlaßt, so daß nicht mehr der Wille, die

Absicht, der Plan unser Handeln beherrscht, sondern der Affekt die Situation durchhaut wie ein Blitz aus heiterm Himmel!

Dieses Neurogliaversagen, ihre Falschmeldungen und Einschaltversehen, die falschen Telephonanschlüsse in der elektrischen Zentrale können natürlich ebenso die logische wie die Phantasiezone der Gehirnmechanismen erreichen, also Denkmonstrositäten, Phantasiefatamorganen, Albernheitsgelüste, ja unnatürliche Humorstimmungen auslösen, alles unter dem Bilde falscher Anschlüsse, Umleitungen, Kurzschlüsse. Ja, eine völlige Perversion des Ichgefühls kann stattfinden, wie in der Manie und dem periodischen Wahnsinn: die Ichzone wird verlegt, versetzt, konzentriert auf einen Smerdis- oder Demetriusherd im Phantasiegebiet, und das Ich wird Christus, Gott, ein Kaiser oder die Jungfrau Maria, genau so, wie man bei der Schlafblendung ein Gegenstand, eine Bürste, ein Regenschirm träumend werden kann!

In schweren Formen der periodischen und akuten oder chronischen Manie glaube ich bestimmt, daß das ganze Gehirn schwer oder leichter abgeblendet ist durch Verleimung oder Stase (venöser Blutstillstand) in den Neurogliaapparaten, und daß der gesamte Reservestrom der restierenden Hirnwege immer in eine Funktionszone, z. B. das Flammenbündel der Erinnerung, welches „Napoleon" bedeutet, einströmt und alles Ichgefühl demnach verschmilzt mit der Vorstellung: Ich bin nicht ich, sondern Napoleon, Bismarck, Goethe! Es ist eben die Zone der fixen Idee, die noch restierende Gruppe leidlich normal funktionierender Zellen, die Krankheit sitzt nicht in der Sphäre des prätendierten neuen Persönlichkeitsbegriffes, sondern sie ist erzeugt durch eine allgemeine Erkrankung, eine Gelatinisierung, Ödemisierung und Parese aller Gehirnmuskeln. Daher sind alle diese Zustände mehr funktionell als materiell pathologisch, was auch zureichend erklärt, daß bei Geisteskranken so selten die anatomische, mikroskopische Untersuchung etwas Positives ergibt. Welche Perspektive erhellt auch hier mit Hoffnung die Trostlosigkeit die therapeutischen Öde der Psychiatrie. Sollte man nicht durch Antigene, ja durch Hirndurchspülungen der Neuroglia auf chirurgischem Wege mit warmen, gelatinelösenden Kochsalzflüssigkeiten die Neuroglia durchspülen und so das Gehirn von seinen Stockungen, Verleimungsdrucken, falschen Kontakten befreien können?

Nicht immer ist es nötig, daß direkte Ausschwitzungen der Neuroglia, die nun schon oft geschilderten Umleitungen, Verbarrikadierungen, Abschließungen bestimmter Ganglienkomplexe den Reservestrom in ungewohnte Bahnen zwingen, so daß der Charakter, das Temperament, ja die Persönlichkeit wie gewandelt erscheint, oft genügt ein ungeheurer Seelenschock, ein wilder, unverwindbarer Schmerz, ein haarsträubendes Erlebnis, der Zusammenbruch schöner Hoffnungen, die

Knickung schönsten und edelsten Willens — genug, die Glut der bittersten Enttäuschung, selbst den Charakterstahl eines verhämmerten Herzens zu schmelzen und seinen Aggregatzustand gleichsam in Weißglut zu wandeln. Das ist die Macht des dämonischen Erlebnisses, das fortzeugend Dämonien weckt, unter denen Lämmer zu Löwen, Weiber zu Hyänen, eben noch Liebende zu Furien werden können. Völlig schuldlos nicht, denn auch das furchtbare Leid ist nichts, wie eine Belastungsprobe des Herzens, wieweit die Seele ein heiliges „Und trotzdem" im Herzenswappen trägt, was vielleicht von entscheidender Bedeutung ist für den Richterspruch eines jüngsten Tages, wie unser Christenglaube sagt, für die Verwertbarkeit der Menschenharfe zu noch höheren Orgeln, wie Aldebaran in meinem „Es läuten die Glocken" sagen würde. Um den Mechanismus dieser Transformation, dieser Blendung und dämonischen Behextheit des Charakters durch elementare und überwältigende Verhängnisse bloßzulegen, brauchen wir uns nur an die Grundlagen unsrer Betrachtung über die Individualität zu erinnern, bei denen wir fanden, daß jegliche Zelle im Chromosomenschaltwerk die Rhythmen sichtbar trägt, welche den Ablauf eben der Charakterfunktionen, den Petschaftsdruck der Persönlichkeit, die Stromweise der individuellen Eingestelltheit unsrer regulären, harmonischen Handlungsweise trägt. Ein furchtbares Erlebnis oder ein dauernder Anprall widerwärtiger Ereignisse kann eben dieses Schaltwerk, diese mikroskopische Strudelmacht unsres eigentlichen „Wesens" umstellen, so daß Strombahnen durch geänderte Einschaltung ins Sprach- und Muskellager resultieren, die für die Umgebung und den Ärmsten selbst eben den schrecklichen Charakterwechsel in Erscheinung treten lassen. Wir empfinden dann und geben es zur Verblüffung selbst den geliebtesten Menschen kund, daß wir „ganz anders" geworden sind, weil wir im flammendsten Gegensatz zu unseren aus Erfahrung wahrscheinlichen Handlungsweisen auf Erlebnisse so unbegreiflich fremdartig reagieren, daß es erscheint, als sei der Teufel in uns gefahren. Uns hat eben die Kralle der Dämonie erwischt, ein Dämon hat uns gepackt, die Raserei der Gedanken, hervorgesprudelte Beschimpfungen und ein Schwall von Haß und Wut, oder auch die Ekstase fremder Stimmen ist in uns entloht, eine Feuersbrunst der Motive brennt das Herz aus und läßt die Milde, die Nachsicht, das Verständnis und die versöhnende Phantasie verkohlen und veraschen. Alles das, weil ein schwergetroffener Ganglienkomplex den Gesamtstrom aller Reizspannungen, den Innenwelt und Umwelt sekundlich in uns emporzündet, seine konzentrierte Glut in sich einsaugt, als ein furioser Prätendent auf den Thron unsres Seelenwesens springt und von hier aus den Herrn unsres Ichs knebelt und peitscht. Das ist der Mechanismus des katastrophalen Erlebnisses, der natürlich in langsamerer Gangart auch bei weniger rasantem Einbruch die Basis zum Verständnis abgibt, warum unser Wesen, und wurzele es, wie wir noch sehen werden, als ein hunderttausendjähriger Instinkt in uns, gewandelt, permutiert, variiert werden kann. Denn wir wissen von der Hysterie her, daß die Vorstellung auf dem Wege der rückläufigen Sympathikusströme Macht auch über Formen und Körpergebilde erhält, wodurch in einfacher Weise ein Schleier von dem Urgeheimnis der Variation der Arten im Darwinschen Sinne gerissen sein dürfte. Ereignisse wirken also auf die Formen gestaltend, wie auch die veränderten Formbedingungen auf die Ereignisse unsres Ichbestandes im Innern wirken können. Wir müssen uns gemäß unsrer Hirnlagerskala nur immer vor Augen halten, daß die Phantasiezone oberhalb der Ich- und Muskelaktionslager im Gehirn eingeschaltet ist, und daß die Sympathikusurmacht ihre Zauberhände und Kupplerfinger jedem Winkel motorischer Alteration hinreicht und jeden Anprall weitergibt.

Für die eudämonischen Formen der Wesens- und Aktionswandlung unsres inneren Ichs möchte ich an dieser Stelle noch nachholen, daß ähnliches Beherrschtsein unsres Vorstellungs- und Wahrnehmungsvermögens auch zum mindesten zur Blendung unsres Ichs führen kann. Sagt doch ein Goethe, daß er schlafwandle, wenn er dichte, daß also auch der harmonische Einklang unsrer Rhythmen mit dem immer schöpferischen Strom des Alls ohne unser Zutun die Aktion beherrscht und jene Produktionen veranlassen in künstlerisch-konstruktivem Bereich, welche eben die staunenswerten „Einfälle" des Genies gleichsam ganz automatisch hervorquellen lassen wie den Mosesquell aus der Stirn des Felsens. Das ist der Sinn des Selbststaunens sogar, wenn sich das Genie in Demut beugt vor seinem eigenen Werke, sogar im Gefühl davon, daß es sich selbst nur Harfe fühlt, auf der ein höherer Andrer spielt, das ist die Allmacht des zu seinem Wunderwerk Begnadeten, weil hier auf Elfenzauberhörnern das Lied des Ewigen sein Echo fand im Tale seelischer Gelände. Das ist die Himmelstaube, die sich auf des Johannes Haupt herniederließ, wobei die Stimme der Höhe rief: das ist mein lieber Sohn, an dem ich Wohlgefallen habe; so wird ein Mensch ein Gottesspiegel.

Aber auch im Gefilde der reproduktiven Kunst gibt es Blendungen des Ichs in eudämonischer Form, bei denen der Strom der Rezitation, die Zündkraft der Darstellung einer gedichteten Persönlichkeit, die hinreißende Brandung hochstürmender Ideen der Meistergenies den Betreffenden völlig automatisch den Wunderfilm einer Kunstschöpfung abrollen läßt im ebenbürtigen Apparat, fast ohne Beteiligung des Ichs des Reproduzenten, wenngleich nicht zu vergessen ist, daß z. B. bei der höchsten Schauspielkunst der Fall eintritt, daß die eine Hälfte des Gehirns somnambulisch königliche Rhythmen automatisch reproduziert, während die andere einer Darstellung ganz kalt und real, dem ekstatischen Treiben seiner Zwiespältigkeit, seines farbigbunten Seelenschattens, seinem Schmetterlingsfluge in azurschöner Luft oft selbst erstaunt zuschaut.

Halten wir nur immer fest, daß geistige Überspannung und Neurogliaveränderung, durch Überblutung, Überenge, durch Durchlässigkeit ihrer Handschuhmaschen ganz umschriebenen Gruppen oder Ganglien die Herrschaft über den Reservestrom akkumulierter Hirnenergie übermitteln können, welche sonst die Gesamtzone des Ichs reguliert. Es ist die Entthronung des Ichs, seine Substitution durch Anmaßung, Betrug und Schwindel seitens vielumgrenzter und beschränkter Ganglienprovinzen, welche die Schmugglerschiebung an den Grenzen des Unerforschlichen übernehmen und die das Wesen der Dämonie ausmachen.

Jetzt endlich gelangen wir in die eigentliche Domäne der Dämonien, in die an sich schon so dunklen Zonen der Triebe und Instinkte, also in die nebelumhüllten Nachtgebiete des unterbewußten, von den Sternen des Ganglienhimmels nicht mehr erhellten Gebiete geistigen Geschehens. Wird es auch hier gelingen, mit den Blendlaternen der wissenschaftlichen Analyse einzudringen?

Es muß gelingen; denn hier brodelt der Strom der Tiefe, der Glutenschwall der Vulkane, hier ist die Hexenküche der verblüffendsten und schaudermachenden Dämonie. Hier brodeln die Elementargewalten, deren Eruptionen so verheerend, Gemeinschaften, Staat und Einzelexistenz gleicherweise erschüttern und zum Beben bringen. Hier sind die Höhlen und Spelunken alles bösen Geschehens, der Verirrungen und Verfehlungen, der Verbrechen und schaudervollen Wanderungen des ahasverischen Fluchbeladenen, denen nur die furchtbare Einkapselung unsrer eisenfensterumgitterten Irrenhäuser zu jenem tränenüberströmten Menschheitsjammer ein ausschaltendes Asyl gewähren.

Es ist das Wesen aller Triebe und Instinkte, daß ihre Bahn definitiv geregelt ist, so daß Anreize der Innen- oder Außenwelt stets die gleiche Bahn der Auslösung in allen drei Hirnrückenmarkregistern befahren. Ein Lidschlag auf Berührung des Augapfels, eine Saugbewegung nach Einführung eines Schnullerchens über die rosigen Lippen eines Säuglings, ein Knieschleudern nach Schlag auf das Sehnenende unterhalb der Kniescheibe mit der Kante der Hand — sie alle können normalerweise nicht gehemmt werden, weil die Bahn der Reizwelle für gewöhnlich immer denselben Weg zu den angepaßten Muskelbewegungszentren nimmt. Hormone leiten das harmonische Ineinandergreifen der Instinkte und Reflexe oder haben sie wenigstens erzeugt, Dyshormone, gestörte Saftbildung und pathologische innere Sekretion vermögen auch diese erhaltungsgemäßen, oft ureingewurzelten Triebe und Instinkte zu pervertieren, und zwar auf dem Wege von Außenwirkungen, welche die eingeschleiften Bahnen für die Entgleisung vorbereiten, ob es nun Erlebnisse geistiger oder materieller Natur sind. Zu letzteren gehört natürlich die ganze Reihe der Gifte, auch die Invasion von Bakterien. Allen Reizstörungen dieser Art ist die Sympathikusattacke gemeinsam, der seinerseits erst wieder der Produzent der abnormen Saftquellen wird. So ist also Ethik und Verbrechen eine Sympathikusangelegenheit, der nicht attackierte Sympathikus erhält die Ordnung, seine Belastung enthält die Vernichtung.

Daß hier Veranlagung und Vererbung, z. B. bei den Süchten des Alkohols, des Morphiums, des Kokain usw. zugrunde liegt, möge hier nur kurz erwähnt werden. Diese Formen des Vernichtungswillens, also die Perversion des Erhaltungstriebes, ist allen gemeinsam, so daß schon eine disponierende Erkrankung vorangehen muß, ehe der gelegentliche Genuß der Segnungen dieser Gifte zur Sucht führt. Es sind Intolerante, die ihnen erliegen.

Es gibt eine Überempfindlichkeit gegen Gifte, die teils angeboren, teils erworben sein kann, ihr steht die sehr viel merkwürdigere langsame Gewöhnung des Leibes an bestimmte Giftreize gegenüber, der gesteigerten Intoleranz eine abnorme Toleranz. Während dort eine geheimnisvolle Verwandlung gemeinhin ganz harmloser Nährstoffe (Erdbeeren, Krebse usw.) in lebenfeindliche Eindringlinge statthat, wird bei der erworbenen Toleranz einem echten Giftkörper Schwert und Wehr entrissen durch einen schwerverständlichen Umbildungsprozeß. Wir alle kennen die Mär von König Mithridates, der sich in wahrscheinlich sehr mühevollem Training gegen jegliches Giftattentat durch Gewöhnung an alle damals gangbaren Gifte gefeit hatte. Ist es auch ein Märchen, so liegt ihm doch ein guter Kern zugrunde. Wir wissen alle aus den Jahren unseres Kampfes für die Ehre, „als ein Erwachsener" estimiert zu werden, wie nötig es ist, Bier, Branntwein und Tabak gegenüber von diesen Schutzmechanismen der Natur Gebrauch zu machen, und wie schnell sich etwas zum Genuß wandelt, was eben noch Ekel erregte. Aber auch hier stehen wir dem Verständnis des Vorganges in unserem Innern noch ziemlich ratlos gegenüber und sind auf Vermutungen angewiesen. Ein chemisch und organisch durchaus nicht harmloser Körper wird anfangs durchaus ohne Genuß, ja oft mit Widerstreben, sei es durch Suggestion der Mode und des allgemeinen Mißbrauchs oder durch den Machtbefehl eines Arztes, von einem Neuling genommen, und dieser Vorgang wiederholt sich. Dann wandelt sich allmählich die Wirkung: die Unlust wird zur Lust, die stimmungsherabdrückende Beklemmung wird zur lebensgefühlsteigernden Befreiung der Seele, an Stelle der Ohnmacht tritt der Rausch mit himmelstürmendem Tatendrang. Doch die Genußgifte sind wie Teufel, sie fordern durch Pakt und Siegel Leib und Seele. Denn mit ihren Gewährungen von gesteigertem Lust-, Lebens- und Ichgefühl schlagen sie die Tyrannenkrallen immer tiefer in unseren Willen. Mit der Häufigkeit der Genüsse hält die Abhängigkeit von ihnen gleichen Schritt. Genußmittel werden also von Mal zu Mal bis zu einer bestimmten Grenze leichter vertragen, aber halten sich schadlos an dem Raub der freien Selbstbestimmung. Sie hinterlassen dämonische Erinnerungen, die anfangs locken, später gebieterisch befehlen und schließlich gleich Furien und Erinnyen in der Seele toben und nach dem geliebten Teufelsfraß und -trank wie nach Höllenfutter brüllen. Wo Zwang oder heroischer Wille die Gitter wirksam sperrt, ist oft Delirium, Wahnsinn, Zusammenbruch und völlige Erschöpfung die Folge.

Wie haben wir uns diese Erscheinungen vorzustellen, deren rhythmischer Ablauf fast stets der wesensgleiche ist, ob es sich nun um unsere gewissermaßen salonfähigen Genußmittel Bier, Wein, Nikotin, Kaffee oder um die noch geheimeren Gelüste auf Kokain, Morphium, Opium, Haschisch usw. handelt? Ich will dabei vorweg bemerken, daß ich keineswegs den sogenannten „harmloseren" Genußmitteln ihren Wert absprechen will, soweit sie innerhalb der Grenzen der Erhöhung der Daseinsfreude genommen werden, unter Ausschluß der Auslösung allerhand sozialfeindlicher Hemmungslosigkeiten. Wer diese Grenze bei sich nicht zu respektieren weiß, wird es immer einmal bitter zu bereuen haben, Bier- oder Weingenuß für harmlos zu erklären. Die Frage der Abstinenz ist nicht generell zu lösen. Es gibt Naturen, für die der Alkohol ein ganz schweres Gift ist. Für andere ist er ein schlechterdings unentbehrlicher Genuß. Aber wir wollen hier von der mehr physiologischen Seite der Aufnahme und Wechselwirkung der Gifte sprechen. Es wäre schön, wenn die Theorie von der Bildung von Gegengiften im Blutserum sich realisieren ließe. Wir würden dem Säufer, dem Morphinisten, dem Ätherfritzen nur alkohol-, morphin-, ätherbindende „Komplemente" einzuspritzen brauchen, und er würde in den Zustand des Ekels vor dem Genußgift zurückversetzt werden, wie er ihn im Stadium des ersten Rauchversuchs durchgekostet hat. Diese Versuche sind tatsächlich gemacht, sogenannte Antialkoholsera von künstlich alkoholisierten Tieren zu gewinnen — mit völlig negativem Resultat. Daraus folgt die Notwendigkeit, für diese Art Gifte einen anderen Vorgang als den der Erzeugung von Gegengiftkörpern im Leibe zu vermuten. Denn unsere heutige Giftlehre sagt, alle organischen Gifte, Toxine, Alkaloide, Ptomaine, erzeugen im Serum Antikörper, welche die Giftmoleküle binden und so zu harmlosen und abbaubaren Verbindungen umgruppieren, wobei unter Abbau immer die letzte

Auflösung in Wasser, Harn und Kohlensäure zu verstehen ist. Alkohol, Morphium, Nikotin, Koffein sind aber alles Gifte, die ebenfalls von lebenden Wesen stammen. Diese Gifte erzeugen aber kaum, wie z. B. das Schlangengift wahrscheinlich, Antigifte, sondern ihre Bindungsweise ist eine ganz andere, die das Geheimnis aufhellt, warum erstens man sich an Gifte gewöhnt, zweitens warum man immer größere Dosen gebraucht, um die verlangte Wirkung zu erzielen, drittens warum ein Bedürfnis nach gewohnheitsmäßig eingenommenen Giften entsteht.

Da die Gewöhnung eine bestimmte Frist erfordert zu ihrer Ausbildung, so geht man wohl nicht fehl mit der Annahme, daß diese Frist auf ein organisches Wachstum hinweist. Es wird etwas gesiedet, gebraut, gebildet, dessen Aufkeimen den Schutz verleiht. Die Einführung eines Giftstoffes, d. h. eines zum Stoffwechsel nicht im Anpassungsverhältnis stehenden Naturprodukts, ganz gleich, ob es durch den Magen oder durch die Haut ins Getriebe des Leibes gelangt, muß einen Reizzustand hervorrufen. Reize werden außer der augenblicklichen Auslösung erhöhter Nerven- und Blutgefäßtätigkeit durch plastische Reaktionen der Gewebe beantwortet. Die Stelle des Eintritts des Giftreizes wird zur Stätte eines erhöhten Widerstandes, erschwerter Passage, einer Stau-Dammbildung. Dazu hat die Natur nur das Mittel der Gewebeverdichtung. Wo Gifte eindringen, werden die aufsaugenden Filter fester, dichter, engmaschiger auf dem Wege der Entzündung. Die Maschen der Lymphdrüsen, dieser Fangschleusen der schwimmenden, bohrenden Eindringlinge ins Blut, werden schließlich unter wiederholtem Anprall der Giftmoleküle so eng, daß diese aufgehalten, verbarrikadiert, vom Blutstrom abgeschnitten werden. So kommt es, daß zwar die ersten Dosen frei zum Gehirn- und zum Nervenapparat gelangen, daß aber von den folgenden immer nur ein kleiner Bruchteil in die Zirkulation gelangt. Die wiederholten Anspannungen der feinen Nervensaiten, zu extremen Klängen völlig neuer Empfindungen, lassen in der Erinnerung der Nervenzentren etwas zurück wie nach Tatendurst und zitternder Begier. Für alles einmal exzessiv Bewegte gilt der Satz des Verlangens nach einer Wiederholung. Es ist fast, als kennte die von einer Künstlerhand einst gespielte, liegengelassene Geige eine Art Sehnsucht nach der Hand, die sie gestreichelt, die verstummte Glocke sehnt sich nach den metallischen Erweckern ihrer ehernen Schreie, alles einmal schön Geschwungene oder Erregte stampft nach Aufschwung und Rhythmenrausch, nicht weniger wie ein Renner bei allzulanger Ruhe. Das ist wohl das Nachzittern aufgepeitschter Chromosome. Ich glaube an eine Art Gedächtnis selbst der Materie — schon alte Geigen, alte Orgeln legen diesen Glauben nah —, wieviel mehr sollte nicht die Ganglienzelle Gedächtnis und damit Sehnsucht besitzen! Die zitternde Wallung, die ein rhythmensteigerndes Gift ihr beigebracht, läßt auch das Verlangen nachklingen, immer wogender, immer tiefer bebend sich zu betätigen. Alles zum Leben Bestimmte zittert nach Funktion und bebt der Erreichung ihres höchsten Auftriebes unaufhaltsam entgegen. So steigert jede neue Gifterregung das Verlangen nach einem Mehr- und Höhergepeitschtwerden, dessen seelischen Zusammenhang die dämonische Gier auslöst. Giftverlangen ist Chromosomenhunger.

Wenn nun eben die gleichen Dosen zum Teil in dem Maschenwerk der Stauwerke des Magens oder der Haut abgefangen werden, so erklärt sich leicht, daß immer größere Dosen gegeben werden müssen, nicht weil das Gehirn, die Zellen, sich an die Steigerung gewöhnt haben, sondern weil immer weniger durch die dichten Schwemmporen der gereizten Lymphfilter hindurchgelassen wird, so daß die sehnsuchtnachzitternden Ganglien immer höhere Dosen verlangen, um in die erhoffte rhythmische Steigerung zu geraten.

Ich selbst habe durch Tierexperimente feststellen können, daß ein Tier, dem man Gift unter die Haut spritzt, das anfangs schwere Erscheinungen hervorruft (Hunde mit Alkohol, Nikotin, Morphin), leicht an immer höher gesteigerte Dosen gewöhnt werden kann. Es tritt wie bei König Mithridates schließlich eine Art Immunität ein. Diese Immunität bezieht sich aber nur auf den

Hautlymphfilter. Denn legt man den „geschützten" Tieren die Hirnhaut frei, so wirkt wieder, wie im Anfang, die kleinste Dosis unter dieselbe gespritzt, also ein direkter Kontakt mit der Hirnmasse giftig. Mein Vater gab einem notorischen Spritzmorphinisten im Vertrauen auf seine Gewöhnung ein ziemlich kräftiges Morphiumzäpfchen. Siehe da! Der Patient war nur von der Haut, nicht vom Darm aus immunisiert: er bekam einen schweren Kollaps. Von Pasteur durch die Haut immunisierte Hammel waren in der Tat von der Haut her immun, als Koch aber bei denselben Tieren Milzbranddosen verfütterte, würden sie alle milzbrandkrank. Was beweist das? Es beweist, daß es neben der allgemeinen Immunität unbedingt auch so etwas wie eine lokale Giftfestigkeit geben muß, die niemals den ganzen Körper, sondern nur bestimmte Systeme schützt.

Wir haben soeben die Tatsache gestreift, daß ein den Körper und unsere Sinnesorgane treffender Reiz etwas wie eine Sehnsucht nach Reizwiederholung und, da die Wiederholung eine Gewöhnung schafft, nach Reizerhöhung erzeugt. Es ist das Grundgesetz des Genießens, ja für temperamentvolle Gemüter seine Tragik, daß dieser erwachte Hunger nach dem anfangs passiven und leicht beherrschten Genußmittel aus dem Sklaven einen Tyrannen macht. Der Naive wird zum Kenner, der Liebhaber zum Hörigen. Der freie

Wille zum Genuß wandelt sich zum Zwang, das Verlangen zur Zwangsvorstellung.

Um Genüsse unschädlich bleiben zu lassen, bedarf es von dem einen Male zum nächsten eines Zwischenraumes, welcher den aufgepeitschten Wellen der Erregung Zeit zu ihrer völligen ebbenden Beruhigung, zum Abklingen, zur Gleichgewichtseinstellung läßt. Genüsse sind eine Musik, kann man sagen, bei der die Hauptsache die Pausen sind.

Und zwar müssen diese Pausen lang genug sein, um die völlige Auflösung der Reizwellen in den physiologischen Gleichtakt zu ermöglichen. Das zu wissen, ist für unsere beinahe kulturell gewordenen, erlaubten, weil allgemein gefälligen beiden Matadoren der Genußgifte, Alkohol und Nikotin, von großer Wichtigkeit, es findet aber auch reichlich praktische Betätigungsfelder bei schweren pathologischen Genußformen, wie Morphium, Kokain, Äther, und dem Heere der mißbrauchten Schlaf- und Beruhigungsmittel. Das Gefährlichste ist hier die Regelmäßigkeit des Genießens und eben der Fortfall von möglichst langen Pausen der Abstinenz. Wir wollen der eminent wichtigen Bedeutung dieser Fragen wegen einmal etwas näher auf den Alkohol- und Nikotingenuß eingehen und dann später auch einige Streiflichter auf die dämonischen Süchte anderer Art werfen. Zunächst sei bemerkt, daß nach meiner Meinung ein allgemeines Verbot von Alkohol- und Nikotingenuß eine an Fanatismus grenzende Verkennung der Sachlage bedeuten würde. Denn es ist nicht wahr, daß für jeden Menschen, der mäßig raucht oder trinkt, in diesen Genüssen eine Dämonie schlummert. Denn durchaus nicht ist jeder Mensch in Gefahr, ein Säufer oder Kettenraucher zu werden, ebensowenig, wie jeder Mensch ohne Ausnahme Anlage zum Morphinismus oder zum Ätherrausch hat. Was diese Dinge unter Umständen so eminent lebens- und glücksgefährlich macht, ist eine freilich nicht allzu seltene naturgegebene, manchmal wohl auch erworbene Disposition für eine Sklavenschaft diesen Reizmitteln gegenüber. Ebensowenig wie ein geschmackvoller Zecher edle Weine allein wegen des Alkoholgehaltes preist, ebensowenig giert ein graziöser Raucher nach dem Nikotin allein, das eine Cabañas enthält. Es ist ein undefinierbares Etwas, was edle Genüsse dieser Art begleitet; die Ruhe, die traumhafte Stille der Ausspannung und Erholung, das Schweben zwischen Dämmern und Wachsein, die Aufsuggerierung einer phantasievollen Innerlichkeit durch Duft- und Nebelwellen, der Zauber eines edlen Glases, gepaart mit dem Bewußtsein eines geheimen Kräftewaltens im altgelagerten Saft der ästhetisch wundervollen Traube, Assoziationen an alte Griechen- und Römerkulturen, an Ritter- und Sängersitten einerseits und die Romantik des Wolkenspieles und der steigenden Nebel über Hütte und Höhen andererseits — solche seelischen Ober- und Untertöne sind es, die eine unbestreitbare Poesie des einsamen Trinkers und

Paffers ausmachen. Und in der Geselligkeit, in dem gemeinsamen Austausch solcher Stimmungen, in dem gleichzeitigen Ausruhen von dem Kampf des Tages, dem Auswechseln von Erlebnis und Erfahrung, wobei Geist, Witz, Behaglichkeit und Weltanschauung von höherer, friedlicher Warte eine vom Lärm der Streitigkeiten geschützte Freistätte gewinnen, liegt eine durchaus geisthygienische Lockung, eine sinnvolle und vielleicht sogar weise, lebenfördernde Kultur.

Wer hätte den Mut, diese Poesie und diese Gunst schöner Stunden aus dem Leben eines Volkes zu streichen? Doch nur diejenigen, welche das ausnahmsweise Versinken weniger Schwächlinge, unglücklich organisierter Naturen bedeutsamer einschätzen als die frohen Augenblicke unzähliger widerstandsfähiger, des Adels der Freude würdiger Persönlichkeiten. Keineswegs soll den Vorkämpfern für absolute Abstinenz in bezug auf Alkohol, welche diese Angelegenheit zu einer Kulturfrage ersten Ranges erhoben haben, bestritten werden, daß ihre Bestrebungen unendlichen Segen verheißen erstens, wo es sich um die breite Volksmasse handelt, deren Lebensführung leider keine edlere Form des Genusses als Branntwein gestattet, zweitens, wo es sich um sogenannte naturgegebene oder erworbene Intoleranz Einzelner handelt.

Ich habe nicht das geringste gegen ein Gesetz, welches den Schnaps in jeder Form als Genußmittel des breiten Volkes verbietet und dafür Bier und Wein unendlich viel billiger liefern würde, und ich glaube, daß das Verbot des Alkoholgenusses bei erfahrungsgemäßen Rauschtrinkern mit gar nicht streng genug zu formulierenden Mitteln rigoros durchgesetzt werden müßte. Wer ist nun intolerant in dem Sinn, daß Ärzte, Behörden, Familien und Genossenschaften gemeinsam die Hebel ansetzen müßten, um ihn von jeder Form des Alkoholgenusses ein für allemal fernzuhalten? Intoleranz heißt in diesem Sinn Überempfänglichkeit und seelisch unhemmbare Maßlosigkeit, die teils chronisch, teils anfallsweise wie eine echte Geisteskrankheit aufzufassen ist. Intolerant ist jeder, in dem eine Zwangsvorstellung am Werke ist, als könne er seine Dosis nicht entbehren, eine Art Autosuggestion durch den Alkohol, die ihn sklavisch an Ort, Stunde, Art und Maß des Genusses fesselt. Der Intolerante trinkt nicht, um alle jene aufgezählten geistigen Romantismen gelegentlich zu genießen, wobei ein Ausfall der gehofften Freuden keine besondere Verstimmung bringt und leicht andere Motive und noch geistigere Genüsse freiwillig Verzicht leisten lassen, sondern der Intolerante trinkt, weil er den physisch-psychischen Wahnsinn hat, er könne nicht leben, ohne dabei zu sein und sein Quantum Alkohol in sich aufzunehmen.

Alle jene Zauber der Begleitumstände des Genusses, die einzig seine Kulturberechtigung ausmachen, sind ihm höchstens eine vorgespiegelte

Gelegenheit, recta via zum Kern seiner unbesiegbaren Lüste, zu soundso viel gleichsam nacktem Alkohol zu gelangen. Da gibt es keine Schranke, keine Hemmung, keine soziale Rücksicht, keine Stimme des Gewissens oder der Vernunft — der Intolerante gleicht ganz einem Verbrecher, er muß zum Diamanten, zum gleißenden Golde seiner Wahnvorstellungen, ob es ihm oder anderen dabei an Kopf und Kragen geht. Geradeso, wie niemand durch ein paar Dosen Morphium morphiumsüchtig wird, der nicht schwere Gleichgewichtsstörungen seines Charakters schon vorher gehabt oder erworben hat, so wird auch niemand Säufer, der nicht von vornherein die Stigmata einer geistigen Erkrankung besitzt. Der Intolerante ist ein Geisteskranker. Umsonst alle Moral und Logik, alle Vorsätze und Einsichten — die Stunde kommt, und es ist ums Glück geschehen.

Geisteskranke aber, die sich selbst und ihrer Umgebung eine Gefahr sind, sind zu isolieren. Zum Glück kann jeder Intolerante diese Isolierung vom Schauplatz seiner Taten selbst vornehmen und sich mit Hilfe der Belehrung und Aufklärung selbst eine Art Zwangsjacke umlegen: die absolute Enthaltsamkeit.

Da gibt es keinen Kompromiß, keine Entschuldigung, kein Maßempfehlen, keine Grenznormierung, bis zu welchem Grade solchen Intoleranten der Genuß gestattet sein soll — es gibt nur ein imperatorisches Nichts! Kein Tropfen Alkohol darf die Lippen eines solchen Unglücklichen, von den schönsten Freuden des Lebens Ausgeschlossenen berühren — selbst alkoholische Suppen, Speisen, Zahnwässer und Parfüms können gefährlich werden, weil jeder Tropfen zu einem Meer von Sehnsucht und Leidenschaften werden kann. Man lasse solche Kranke, denn das sind sie, jede Gelegenheit meiden, welche ihnen selbst nur Phantasieerregungen nach dieser Richtung erwecken, man halte sie fern von Gesellschaften, in denen getrunken wird, und man schließe ihnen die Kneipen. Erst wenn sie durch jahrelange absolute Abstinenz selbst an sich den Segen ihrer oft wehmütigen Askese in sich walten gefühlt haben, sind sie als relativ geheilt zu betrachten; ganz gesund und vor Rückfällen gesichert ist kein Intoleranter.

Andere Formen des Vernichtungstriebes bilden die Gelüste abnormer Ernährung, die Abblendung des Erhaltungstriebes bis zur Aufhebung der Lust, zu speisen und zu trinken, die Erstickung des Appetits, die dämonische Nahrungsverweigerung bis zum Eintritt des Todes. Diese Dämonie beruht sicherlich auf einer Einstellung gewisser Saftproduktion, vielleicht einer Veränderung in den Funktionen des Pankreas, der Galle, der Magendrüsen usw. Wenn schwere Blutveränderungen, vielleicht durch Bakterieninvasion, die Ursache der Störungen des Ernährungstriebes sind, so tauchen oft sonderbare Gelüste des Geschmacks empor aus den Tiefen der Drüsenquellen. So haben Bleichsüchtige den sonderbaren Trieb, Kalk, Kreide, Schieferstücke oder Bleistiftgraphit, Farben oder Schmirgel zu kauen, und die mit dem Blutwurm (Distomum haematobium) behafteten südamerikanischen Indianer kauen Erde. Auch das Sand- und Grasfressen der Hunde mag solchen Infektionen oder Intoxikationen zugrunde liegen, wobei zu bedenken ist, daß auch Reflexspannungen solche abnormen Triebe der Nahrungsaufnahme erzeugen können. Ob hierher nicht manche Abirrung des Nahrungstriebes von Tier und Mensch beim Herannahen von Gewitter, Regen oder Orkanen gehören? Dann dürften dabei die rein physikalischen Spannungen der Luft (Elektrizität, Atmosphärendruck, Temperaturen) die auslösende Rolle am Sympathikus spielen. Bei ausgebrochenem Wahnsinn, d. h. bei schwerer Belastung der Neuroglia durch Gelatinisierung oder Ödembildung (Blutwasserausschwitzung) kann diese Umstellung des Triebes auf unappetitliche Nahrung so weit gehen, daß gerade die ekelerregendsten Exkremente und Schmutzmengen aller Art durch Umschaltung in den Nukleinrhythmen der die Instinkte leitenden Zellen Anreiz zum Verschlingen erzeugen und jene gräßlich-schmierigen Gelüste erzeugen, deren Schilderung in die Bücher der Psychiatrie gehört.

Halten wir nur immer fest, auch für die Durchleuchtung des Folgenden, daß einst für alle diese vielstrahligen Abweichungen vom normalen Triebleben irgendein Saft, ein Bakteriengift oder ein inneres Ferment, ein Sekret der inneren Drüsen oder eine Alteration des Blutes in seiner Zusammensetzung angeschuldigt und gewiß einst gefunden werden muß. Hier spielt der Dämon die ganze Skala von der Freßsucht bis zum freiwilligen Hungertode mit wilden Krallen ab.

Kann doch der mächtige Trieb zur Erhaltung der Individualität selbst auf solche Weise die merkwürdigsten Veränderungen erfahren. Nicht nur, daß ganz grobe Perversionen des Ichs auftreten (man ist Napoleon, die Jungfrau Maria usw.), auch die Sucht, sich reich, sich geehrt, angebetet, ja auch verfolgt von Mißgeschick und Menschenbosheit zu sehen, kann dämonische Formen annehmen, der Größenwahnsinn, wobei im Geistigen so etwas wie im Knochenwachstum zu Riesendimensionen (Akromegalie) auf Grund von Abweichungen der Sekretion der Zirbeldrüse stattfindet, kann durch anderweitige Blutsaftmischungen und Verunreinigungen sehr wohl bedingt werden; ist es doch durchaus denkbar, daß eine Überproduktion von Hormonen jene eigentümlichen Formen von Optimismus und Hochfeuerung der Persönlichkeit erzeugen, die wir als eine Gnadennarkose bei schweren Leiden vor dem Tode bezeichnet haben. Umgekehrt kann der Kleinheitswahn, die ewige Stöhnsucht über die Winzigkeit des Ichs durchaus durch Hormonausfall und die Querulantensucht durch beunruhigende Beimengungen zum Blut bedingt werden. Wie bei dem Morbus Basedow und der

Neurasthenie sicherlich oft der Überschuß an Schilddrüsensaft die quälende Unruhe, die zitternde Angst vor Dämonen erzeugt, so kann auch der komplette Ausfall dieses jodhaltigen Saftes das größte Phlegma, die höchste Form des Stumpfsinns und der Idiotie hervorbringen.

Immer deutlicher taucht die Beziehung der Saftbildung zur Ethik und Dämonie empor aus dem Meer der Erscheinungen abnormen Geisteslebens, und mich ergreift ein tiefer Kummer, daß ich die volle Bestätigung dieser Lehre durch immer neue Entdeckungen auf dem Gebiet der Blutkrankheiten und die Erscheinungen der inneren Sekretion nicht mehr erleben werde. Kommen wird die Zeit sicherlich, in der man alles Dämonisch-Böse entstanden sehen wird aus den Spatenstichen des Lebens und seiner Maulwurfsarbeit am Fundament des einzelnen Seelenbestandes, wo man erkennen wird, daß der Mensch gut, im Strom des allgütigen Äthers, von der Schöpfernatur des Alls gedacht ist, daß erst das Erlebnis, der Kampf, die Vererbung, also die Umwelt in allen ihren Attacken gegen seine Bestimmung zur Höchststeigerung des Bösen wird. Abstellbar aber werden diese Saftverunreinigungen des heiligen Blutes wiederum durch die Arbeit des Sympathikus, indem ein durch Erziehung und Beispiel immer kräftiger gefestigter Muskelapparat (der Bendasche) durch Rückströme auf der Bahn des Sympathikus die Bluttoxine eindämmt, die Antigene braut und die Hormone ihren Segen strömen lassen. Wäre dies unmöglich und nicht erreichbar durch eine systematische Gymnastik dieser Kleinmuskelwesen, so wäre jede Erziehung zum Guten, jedes Beispiel, jede Bindung an ethische Ziele ein kindischer Menschenwahn.

Mir hat die Neurogliatheorie den Weg gezeigt, ärztlich nicht nur den funktionellen Störungen, den Dämonien aus Muskelschwäche im Gehirn beizukommen durch systematische Übungen im Sinn des Ignatius von Loyala (s. Schaltwerk der Gedanken), sondern ich habe auch für die schweren materiellen Ausschwitzungen im Hemmungsapparat des Gehirns Wege beschritten, die völlig den Schematismus der Irrenanstalten umstoßen könnten, diesen armen Zuchthäusern für Menschenverbrechen ohne jede Schuld, die ebensogut schaden wie nützen können und nur eine provisorische Art der Schutzhilfe des Staates für seine anderen nicht gerichtsnotorisch gefährlichen Mitbürger bedeuten können. Reform der Irrenheilkunde! Dringende Reform! Studium der Antigene, Durchspülungen der Neurogliakanäle auf dem Blutwege von Karotis zu Karotis, von Vene jugularis zu Jugularis — das wird das deutlich vorschwebende Ziel sein, dessen Erreichung die junge Generation der Ärzte einleiten muß. Doch das gehört vor das Forum der Medizin!

Haben wir so das Wesen der Dämonie als eine Umschleierung der Zonen des Gehirns, als eine

Abblendung der Ganglienlager, in dem Vernunft, Verstand, Orientierungsbewußtsein und Logik aufgehoben erscheint durch Affektionen, welche den aktiven Hemmungsapparat der Neuroglia treffen, auf dem Wege der Saftveränderung definiert, so sind der Somnambulismus und die Epilepsie die eigentlichen Paradigmen für die meisten Formen der Dämonie, weil einerseits beim Somnambulismus nach Abstellung der höheren Ganglienfunktionen tiefere Zellager des Hirngraus und der Hirnknollen den Außenweltreizungen bloß- und freiliegen wie ein durch den Schnitt des Chirurgen freigelegtes Organ unter der Haut. Dann kommen die Perversionen des Ichs, der Bruder Martin (E. T. A. Hoffmann), der Horla (Maupassant), Schlemihls Schatten (Chamisso) sitzt uns im Genick, d. h. ein fremdes Ich reitet dem früheren und dazwischen aufblitzenden Ich auf dem Nacken. Bei der geistigen Epilepsie solcher Blendungsanfälle tritt die Vernichtungsdämonie besonders hinzu, weil bei ihr rasante Ströme die Situation beherrschen und dem Pseudo-Ich alle Bindungen der Kultur zerreißen, so daß ein antisoziales Wesen, das verbrecherische in Erscheinung tritt. Dieses Herabsinken der Persönlichkeit in tiefere Zonen des menschlichen Aufstiegs finden wir nun in klassischer Weise in den Dämonien der Liebe, welche uns nunmehr beschäftigen sollen. Die Liebe ist das Opfer des Ichs für ein anderes Wesen, dem man diese Fähigkeit zur Selbstentäußerung (Stirb und Werde) anträgt, wie die höchste Bindung an den Sinn der Welt: Steigerung der Menschheit durch Neuerzeugung von Individuen auf die höchste Geistigkeit und Einklangsharmonie mit dem Rhythmus des Alls. Unstreitig ist die dämonische Gewalt des Don Juans oder der Ninon begründet in einer ahnbaren, ungewöhnlichen Wertigkeit einer Persönlichkeit. Es ist eine Anhäufung von höchsten Lebensfähigkeiten, von Eudämonien, Hormoneträgern, von Vorwärtsstrebungen im Auserwählten, ein König und eine Königin der Liebe vorhanden. Ein Material höchster Entwicklungsmöglichkeiten. Diese Priester und Priesterinnen der Liebe sind neben einem unbezwingbaren Triebe zu Vervielfältigungen (d. h. einem unersättlichen Drange zum Lebensgenuß) Genies. In diese zwei Komponenten zerfällt der Trieb der Liebe: in Genuß und in Sehnsucht nach Hochsteigerung von neuen Lebewesen, in denen die Eigenschaften des Geliebten zum höchsten Blühen angetrieben werden sollen. Die meisten Frauen sind dem genialen Don Juan deshalb so dämonisch-instinktiv verfallen, weil sie sich marconiplattenartig von seinem hohen Wesen innerlich hochgespannt zutrauen, daß nur mit diesem Symbol leuchtenden Mannestums ihr Schoß der Welt die höchsten Blüten der Menschheit schenken könne, und zweitens, weil sie ahnen, daß dieser große Liebeskünstler ihnen Wonnen und Ekstasen geben kann aus intuitiver Einfühlung und aus Verständnis ihres Liebesmechanismus, wie kein anderer. Sie ahnen in ihm den Wisser ihrer geheimsten Quellen der Liebesekstase und des Orgiasmus. Schon die Abspaltung des Fortpflanzungstriebes, schon die Erstickung des Schreis nach dem Kinde, die Abblendung des heiligen Triebes zur Mutter- oder Vaterschaft ist Liebesdämonie. Die Liebeslust verdeckt das Liebesziel, genau wie das Schlemmen in Nahrungsfülle und Gaumenkitzeln den Erhaltungstrieb verschleiert und vergessen hat. Eine hohe Kultur, eine Vertiefung der Sittlichkeit sollte doch gerade umgekehrt den Förderungstrieb der Menschenzahl und ihre Höherzüchtung als den tiefsten, willkommensten Sinn der Liebe in sich entwickeln und immer mehr die List der Natur, diesem Zwecke die Maske höchster Wonnen zu leihen, auf ein gesundes Maß herabdrücken; aber die Kulturniederung, die wir zu durchkosten haben, hat gerade das Gegenteil gezeigt: der Liebesegoismus des Genusses hat den Liebesaltruismus des Menschheitsaufstiegs im rein geborenen und empfangenen Kinde fast erstickt. Liebe ist purer Trieb geworden ohne Einschlag der Sehnsucht nach Vervielfältigung der eigenen positiven, erworbenen, erkämpften Menschheitswürde, und sie ist damit herabgesunken in die Zone der tierischen Gelüste, in die Niederungen gewesener und nur scheinbar überwundener Existenz. Was das Tier aus Witterung und Reflex an Liebesakten vollbringt, den Antrieb der Hormone der Generationsdrüsen, sollte der liebende Mensch bei seiner Prüfung, sich zu binden, nicht allein in sich walten lassen, er sollte auch der Sehnsucht und der hohen Würde eingedenk sein, Menschen zu formen nach seinem im ethischen Feuergefecht für seine Person hochgesteigerten und voll entwickelten Ebenbilde. Das ist gewiß eine fast unerfüllbare Idealforderung, aber doch sollte sie mehr betont werden, als bisher geschah. Für unsere Zwecke hier dient diese degenerative Abspaltung des Genußtriebes der Liebe von ihrem Reproduktionsinstinkt persönlicher Werte vollen Menschentums nur zur Basis für das Begreifen allerhand Liebesperversionen, zum Verständnis der Dämonien des Liebestriebs. Der Dämon der Lust reißt zeitweise und anfallsweise genau nach dem Schema der epileptischen Umdämmerung des Bewußtseins die Persönlichkeit in tiefe Perioden menschlichen Aufstiegs, in Urzeitniederungen herab. So nur verstehe ich den Sadismus, die Wollust unter Qualen des Opfers der Lüste, weil die dämonisch-epileptiforme Blendung der Sexualsäfte den Menschen hinabpreßt in Daseinsperioden des Menschenaufstiegs, in denen noch die Wildheit herrschte und sich kein Weib dem Feinde und der Gemeinschaft der Lüste des Mannes gab, als unter Löwentatzenhieben des Stärkeren oder der Machthaberei eines durchaus auch heute noch nicht gänzlich verschollenen Matrimonismus, der Tyrannei des Königtums des Weibes, der physisch-psychischen Urmacht der Amazone. Masochismus ist die Rückführung der Liebesekstase unter die Formen einstiger Bindung und Fesselung durch Stricke und Baststreifen, die Liebe unter Fußstößen und Sohlentritten, Lust unter dem Fetischismus des Frauenstiefels, der Weiberwäsche, der Taschentücher und Strümpfe, die rührende Heiligkeit erfahren kann in der Anbetung des Duftes der Geliebten. Beim Weibe äußert sich diese Dämonie in der zwanghaften Gewalt der rohen Körperkraft des Mannes, seiner Behaartheit, seiner tierischen Augenglut, seiner Negerhaftigkeit der Wollustlippen und dem Löwenschrei seiner Wollustrufe. Das alles schafft die Liebeshypnose, kraft welcher der Widerpart des Genusses hinsinkt wie schmelzendes Glas, wie ein zusammenstürzendes Kartenhaus, wie das Kaninchen vor dem Schlangenbiß. Die furchtbarste Dämonie der Liebe ist aber diejenige, bei welcher der Gipfelpunkt der Lust nur erzwungen werden kann durch Verquickung der Zärtlichkeit mit Verletzungen, wo die Liebe Blut fließen läßt, jene fürchterlichen Leidenschaften, welche den Menschen tief in den tierischen Zonenbereich eines einstigen Aufstiegs hinabstoßen zu Zeiten, in denen von Feindesfrauen nur mit Gewalt die Lust zu fordern war, wo Züchtigung, Stiche, Verletzungen, vielleicht ja erst das schwindende Bewußtsein, des Todes Nähe das Opfer der Sinnengier des Eroberers willig wurde. Kaum anders kann wohl die Dämonie der sexuellen Leichenschändung erklärt werden, als ein durch wilde Säfte aus den Urschächten der Lüste herauflodernder Glutstrom, der das Großhirn abblendet im Dämmerzustand, der tatsächlich an die Stelle eines menschlichen Wesens die Bestie allein rasen und wüten läßt. Ist doch der Fall der Hirschbrunst, bei der auch erst Blut fließen, der Gegner vernichtet sein muß, ehe die geschlechtliche Vereinigung erfolgt, im Tierreich nicht selten und taucht in Eifersuchtsmorden und Duellen wie ein Rückschlag, als ein Testament der Vergangenheit, auch im Gefüge der Kultur hier und da wieder einmal in die Höhe.

Die Kultur hat es ja fertig gebracht, überall durch einen Bund der Sympathikusfunktionen mit dem Schaltwerk der Phantasie und ihrer Kuppelung an das Mitleid, eine Mischung zu ersinnen, welche eben das Wunder der Vernunft als eine Summenaktion verschiedenster Apparateinrichtungen vollbringt, immer mehr die Testamente der Vergangenheit in der Versenkung verschwinden läßt und sie mit festen Hemmungszäunen umgibt, aber bisweilen wetterleuchten doch Urtriebe am klaren Himmel auch der besten Einsicht, und bei manchen Unglücklichen wühlen sie sich empor wie Urtiere, Walrosse und Seeschlangen, Drachen und Ungeheuer aus dem Flutschwamm der Vergangenheiten und grinsen mit medusenhaft verzerrten Zügen durch die Fensterscheiben unserer sozialen, gutbürgerlichen Behaglichkeit. Ja, kein Mensch ist ganz frei von den Dämonen; ein Doppel-, Tripel- und Quadrupelwesen steckt in jedem, und nur auf dem Wege einer unendlich mühsamen Selbstdressur, auf den Bahnen des von heiligstem Wollen durchströmten Sympathikus, kann es gelingen, die bösen Säfte, die flüssigen Geistigkeiten der Vernichtungstriebe versiegen zu lassen, wodurch allerdings dann jenes königliche Vollmenschentum in jedem von uns emporblühen kann, dessen Leben ein Vorbild, dessen Betrachtung wie ein hohes Kunstwerk, wie ein Gedicht erscheint.

Ich schließe mit den Worten eines solchen Großen, der es fertiggebracht hat, dieses gottebenbildliche hohe Lied seiner Persönlichkeit zu Ende zu gestalten, Goethe, der in folgenden Versen die Rettung von den Dämonien mustergültig in unser aller Herzen gesenkt hat:

> Selig, wer sich vor der Welt
> Ohne Haß verschließt,
> Einen Freund am Busen hält
> Und mit dem genießt,
> Was von Menschen nicht gewußt
> Oder nicht bedacht,
> Durch das Labyrinth der Brust
> Wandelt in der Nacht.

INHALT

Das „Ich" 9
Individuum und Persönlichkeit 77
Die Geburt des Weltallsnerven 138
Die Testamente der Vergangenheit 155
Die physiologischen Grundlagen zur Erkenntnistheorie 164
Die Dämonien 183

Ebenfalls im SEVERUS Verlag erhältlich:

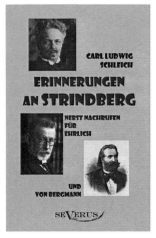

Carl Ludwig Schleich
Erinnerungen an Strindberg nebst Nachrufen für Ehrlich und von Bergmann
SEVERUS 2011 / 92 S. / 24,50 Euro
ISBN 978-3-86347-097-5

„Das ist ja das Rätselhafte einer solchen Kämpfernatur, wie der seinen, daß hier das Zarte, Weibliche in engster Umklammerung mit dem brutalen Hohn bis zur Grausamkeit gepaart lag." (Schleich über Strindberg)

Das vorliegende Buch versammelt Erinnerungen des Mediziners und Schriftstellers Schleich an seinen Freund August Strindberg, der noch heute als einer der wichtigsten schwedischen Autoren gilt. Die von Schleich punktuell ausgewählten Anekdoten und selbst miterlebten Begebenheiten ermöglichen dem Leser einen lebhaften Eindruck von der Persönlichkeit des stets kontrovers diskutierten Schweden.

Ferner finden sich hier zwei Nachrufe Schleichs auf zwei große Männer der Medizin. Zum einen auf Ernst von Bergmann, bei dem Schleich selbst einst Famulus war, zum anderen auf Paul Ehrlich, Nobelpreisträger von 1908.

www.severus-verlag.de

Bisher im SEVERUS Verlag erschienen:

Achelis. Th. Die Entwicklung der Ehe * Die Religionen der Naturvölker im Umriß, Reihe ReligioSus Band V * **Andreas-Salomé, Lou** Rainer Maria Rilke * **Arenz, Karl** Die Entdeckungsreisen in Nord- und Mittelafrika von Richardson, Overweg, Barth und Vogel * **Aretz, Gertrude (Hrsg)** Napoleon I - Briefe an Frauen * **Ashburn, P.M** The ranks of death. A Medical History of the Conquest of America * **Avenarius, Richard** Kritik der reinen Erfahrung * Kritik der reinen Erfahrung, Zweiter Teil * **Beneke, Otto** Von unehrlichen Leuten: Kulturhistorische Studien und Geschichten aus vergangenen Tagen deutscher Gewerbe und Dienste * **Berneker, Erich** Graf Leo Tolstoi * **Bernstorff, Graf Johann Heinrich** Erinnerungen und Briefe * **Bie, Oscar** Franz Schubert - Sein Leben und sein Werk * **Binder, Julius** Grundlegung zur Rechtsphilosophie. Mit einem Extratext zur Rechtsphilosophie Hegels * **Bliedner, Arno** Schiller. Eine pädagogische Studie * **Birt, Theodor** Frauen der Antike * **Blümner, Hugo** Fahrendes Volk im Altertum * **Brahm, Otto** Das deutsche Ritterdrama des achtzehnten Jahrhunderts: Studien über Joseph August von Törring, seine Vorgänger und Nachfolger * **Braun, Lily** Lebenssucher * **Braun, Ferdinand** Drahtlose Telegraphie durch Wasser und Luft * **Brunnemann, Karl Maximilian** Robespierre - Ein Lebensbild nach zum Teil noch unbenutzten Quellen * **Büdinger, Max** Don Carlos Haft und Tod insbesondere nach den Auffassungen seiner Familie * **Burkamp, Wilhelm** Wirklichkeit und Sinn. Die objektive Gewordenheit des Sinns in der sinnfreien Wirklichkeit * **Caemmerer, Rudolf Karl Fritz Die** Entwicklung der strategischen Wissenschaft im 19. Jahrhundert * **Casper, Johann Ludwig** Handbuch der gerichtlich-medizinischen Leichen-Diagnostik: Thanatologischer Teil, Bd. 1 * Handbuch der gerichtlich-medizinischen Leichen-Diagnostik: Thanatologischer Teil, Bd. 2 **Cronau, Rudolf** Drei Jahrhunderte deutschen Lebens in Amerika. Eine Geschichte der Deutschen in den Vereinigten Staaten * **Cunow, Heinrich** Geschichte und Kultur des Inkareiches * **Cushing, Harvey** The life of Sir William Osler, Volume 1 * The life of Sir William Osler, Volume 2 * **Dahlke, Paul** Buddhismus als Religion und Moral, Reihe ReligioSus Band IV * **Eckstein, Friedrich** Alte, unnennbare Tage. Erinnerungen aus siebzig Lehr- und Wanderjahren * Erinnerungen an Anton Bruckner * **Eiselsberg, Anton Freiherr von** Lebensweg eines Chirurgen * **Eloesser, Arthur** Thomas Mann - sein Leben und Werk * **Elsenhans, Theodor** Fries und Kant. Ein Beitrag zur Geschichte und zur systematischen Grundlegung der Erkenntnistheorie. * **Engel, Eduard** Shakespeare * Lord Byron. Eine Autobiographie nach Tagebüchern und Briefen. * **Ewald, Oscar** Nietzsches Lehre in ihren Grundbegriffen * Die französische Aufklärungsphilosophie * **Ferenczi, Sandor** Hysterie und Pathoneurosen * **Fichte, Immanuel Hermann** Die Idee der Persönlichkeit und der individuellen Fortdauer * **Fourier, Jean Baptiste Joseph Baron** Die Auflösung der bestimmten Gleichungen * **Frimmel, Theodor von** Beethoven Studien I. Beethovens äußere Erscheinung * Beethoven Studien II. Bausteine zu einer Lebensgeschichte des Meisters * **Fülleborn, Friedrich** Über eine medizinische Studienreise nach Panama, Westindien und den Vereinigten Staaten * **Gmelin, Johann Georg** Quousque? Beiträge zur soziologischen Rechtfindung * **Goette, Alexander** Holbeins Totentanz und seine Vorbilder * **Goldstein, Eugen** Canalstrahlen * **Graebner, Fritz** Das Weltbild der Primitiven: Eine Untersuchung der Urformen weltanschaulichen Denkens bei Naturvölkern * **Griesinger, Wilhelm** Handbuch der speciellen Pathologie und Therapie: Infectionskrankheiten * **Griesser, Luitpold** Nietzsche und Wagner - neue Beiträge zur Geschichte und Psychologie ihrer Freundschaft * **Hanstein, Adalbert von** Die Frauen in der Geschichte des Deutschen Geisteslebens des 18. und 19. Jahrhunderts * **Hartmann, Franz** Die Medizin des Theophrastus Paracelsus von Hohenheim * **Heller, August** Geschichte der Physik von Aristoteles bis auf die neueste Zeit. Bd. 1: Von Aristoteles bis Galilei * **Helmholtz, Hermann von** Reden und Vorträge, Bd. 1 * Reden und Vorträge, Bd. 2 * **Henker, Otto** Einführung in die Brillenlehre * **Kalkoff, Paul** Ulrich von Hutten und die Reformation. Eine kritische Geschichte seiner wichtigsten Lebenszeit und der Entscheidungsjahre der Reformation (1517 - 1523), Reihe ReligioSus Band I * **Kautsky, Karl** Terrorismus und Kommunismus: Ein Beitrag zur Naturgeschichte der Revolution *

www.severus-verlag.de

Kerschensteiner, Georg Theorie der Bildung * **Klein, Wilhelm** Geschichte der Griechischen Kunst - Erster Band: Die Griechische Kunst bis Myron * **Krömeke, Franz** Friedrich Wilhelm Sertürner - Entdecker des Morphiums * **Külz, Ludwig** Tropenarzt im afrikanischen Busch * **Leimbach, Karl Alexander** Untersuchungen über die verschiedenen Moralsysteme * **Liliencron, Rochus von / Müllenhoff, Karl** Zur Runenlehre. Zwei Abhandlungen * **Mach, Ernst** Die Principien der Wärmelehre * **Mausbach, Joseph** Die Ethik des heiligen Augustinus. Erster Band: Die sittliche Ordnung und ihre Grundlagen * **Mauthner, Fritz** Die drei Bilder der Welt - ein sprachkritischer Versuch * **Meissner, Franz Hermann** Arnold Böcklin * **Meyer, Elard Hugo** Indogermanische Mythen, Bd. 1: Gandharven-Kentauren * **Müller, Adam** Versuche einer neuen Theorie des Geldes * **Müller, Conrad** Alexander von Humboldt und das Preußische Königshaus. Briefe aus den Jahren 1835-1857 * **Oettingen, Arthur von** Die Schule der Physik * **Ostwald, Wilhelm** Erfinder und Entdecker * **Peters, Carl** Die deutsche Emin-Pascha-Expedition * **Poetter, Friedrich Christoph** Logik * **Popken, Minna** Im Kampf um die Welt des Lichts. Lebenserinnerungen und Bekenntnisse einer Ärztin * **Prutz, Hans** Neue Studien zur Geschichte der Jungfrau von Orléans * **Rank, Otto** Psychoanalytische Beiträge zur Mythenforschung. Gesammelte Studien aus den Jahren 1912 bis 1914. * **Ree, Paul Johannes** Peter Candid * **Rohr, Moritz von** Joseph Fraunhofers Leben, Leistungen und Wirksamkeit * **Rubinstein, Susanna** Ein individualistischer Pessimist: Beitrag zur Würdigung Philipp Mainländers * Eine Trias von Willensmetaphysikern: Populär-philosophische Essays * **Sachs, Eva** Die fünf platonischen Körper: Zur Geschichte der Mathematik und der Elementenlehre Platons und der Pythagoreer * **Scheidemann, Philipp** Memoiren eines Sozialdemokraten, Erster Band * Memoiren eines Sozialdemokraten, Zweiter Band * **Schleich, Carl Ludwig** Erinnerungen an Strindberg nebst Nachrufen für Ehrlich und von Bergmann * **Schlösser, Rudolf** Rameaus Neffe - Studien und Untersuchungen zur Einführung in Goethes Übersetzung des Diderotschen Dialogs * **Schweitzer, Christoph** Reise nach Java und Ceylon (1675-1682). Reisebeschreibungen von deutschen Beamten und Kriegsleuten im Dienst der niederländischen West- und Ostindischen Kompagnien 1602 - 1797. * **Sommerlad, Theo** Die soziale Wirksamkeit der Hohenzollern * **Stein, Heinrich von** Giordano Bruno. Gedanken über seine Lehre und sein Leben * **Strache, Hans** Der Eklektizismus des Antiochus von Askalon * **Sulger-Gebing, Emil** Goethe und Dante * **Thiersch, Hermann** Ludwig I von Bayern und die Georgia Augusta * Pro Samothrake * **Tyndall, John** Die Wärme betrachtet als eine Art der Bewegung, Bd. 1 * Die Wärme betrachtet als eine Art der Bewegung, Bd. 2 * **Virchow, Rudolf** Vier Reden über Leben und Kranksein * **Vollmann, Franz** Über das Verhältnis der späteren Stoa zur Sklaverei im römischen Reiche * **Wachsmuth, Curt** Das alte Griechenland im neuen * **Weber, Paul** Beiträge zu Dürers Weltanschauung * **Wecklein, Nikolaus** Textkritische Studien zu den griechischen Tragikern * **Weinhold, Karl** Die heidnische Totenbestattung in Deutschland * **Wellhausen, Julius** Israelitische und Jüdische Geschichte, Reihe ReligioSus Band VI * **Wellmann, Max** Die pneumatische Schule bis auf Archigenes - in ihrer Entwickelung dargestellt * **Wernher, Adolf** Die Bestattung der Toten in Bezug auf Hygiene, geschichtliche Entwickelung und gesetzliche Bestimmungen * **Weygandt, Wilhelm** Abnorme Charaktere in der dramatischen Literatur. Shakespeare - Goethe - Ibsen - Gerhart Hauptmann * **Wlassak, Moriz** Zum römischen Provinzialprozeß * **Wulffen, Erich** Kriminalpädagogik: Ein Erziehungsbuch * **Wundt, Wilhelm** Reden und Aufsätze * **Zallinger, Otto** Die Ringgaben bei der Heirat und das Zusammengeben im mittelalterlich-deutschem Recht * **Zoozmann, Richard** Hans Sachs und die Reformation - In Gedichten und Prosastücken, Reihe ReligioSus Band III

www.severus-verlag.de